伊勢谷友介　自刻像

文藝春秋

自刻像

目次

カバー写真
撮影　新田桂一
ヘアメイク　橋本孝裕
スタイリング　葛西信博
衣裳協力　DELUXE　Deus Ex Machina
静物撮影　山元茂樹
構成　音部美穂
装幀　城井文平

自刻像

函 館

大人になってから一度だけ、函館に足を運んだことがある。あれは40歳になる頃だったろうか。

「昔暮らしていた場所を確かめたい。その空気を感じてみたい」

突然、そう思い立った。その頃乗っていたKTM690デュークにまたがり、大学時代の友人と二人、函館に向けてツーリングの旅に出た。友人は、函館に縁があるわけではなかったが、僕の計画を話すと、「それなら一緒に行こう」と言ってくれたのだった。

バイクで東北道をひた走り、青森で1泊。翌日、フェリーで津軽海峡を渡って函館を目指した。

およそ30年ぶりの函館は、記憶の中のイメージとはまるで違っていた。僕が家族と住んでいた借家はすでになく、そこには別の家が建っていた。裏手に住んでいた近所の友人兄弟の家はまだあったが、彼らはすでに家を出ており、今は東京に住んでいるのだという。通っていた小学校に行ってみた。木造の薄暗い校舎は、コンクリートの近代的な建物に生まれ変わっていた。

思い出の中にあった景色とはまったく違っていたが、校庭には30年前と変わらず空に向かってまっすぐ立っているポプラの木があった。

五稜郭公園は戊辰戦争最後の戦い、函館戦争の舞台となった。しかし、戊辰戦争も新選組も知らなかった子供にとっては、他の公園と同じ楽しい遊び場の一つにすぎなかった。春には桜や藤をはじめ、色とりどりの花が咲き乱れ、秋には紅葉で赤く染まる。でも、小学生だった僕には、四季の移ろいよりも夢中になるものがあった。城郭内にある小さな丘で、蝶やバッタ、セミを捕まえたり、かくれんぼや鬼ごっこをしたり。縦横無尽に走り回っていた。

僕の中にある最初の記憶は、函館の景色だ。生まれたのは東京だったのだが、僕が3歳の頃、母は幼い僕と生まれて間もない妹を連れて、函館の実家に帰ったのだという。戦前の生まれの母は、少女時代は別の場所で育ったそうだが、戦後の混乱の中で祖父母とともに函館に流れ着いたのだと聞いた。

母と妹、母方の祖父母とともに住んでいたのは、五稜郭公園からほど近い住宅街。平屋建ての借家には小さいながらも庭があり、山椒の木が生えていた。他にもいくつか木が生えていて、アカゲラというキツツキ科の鳥が幹をつつき、雪解けの季節には、ムクムクと顔を出すフキノトウが長い冬の終わりを告げた。

家の裏手には、同学年の友人が住んでいた。彼の弟が僕の妹とも同学年だったこともあり、きょうだいどうし4人でよく遊んでいた。

冬、雪が降った日は、誰が誘うわけでもなく、彼らの家と僕らの家の間にある細い通路に集合する。

スコップで雪を積み上げ、押し固めて作ったのは宇宙船だった。当時大人気だった「宇宙刑事ギャバン」の影響だ。雪の宇宙船に乗り込むと、まるで悪をくじくメタルヒーローになったかのような気分になれた。

家の前は急坂で、雪の季節には絶好の遊び場になる。ミニスキーやソリで滑り降りるのだ。頬にビュンビュンと当たる冷たい風をものともせず、勢いよく直線的に下っていく。勢いがつきすぎて、駐車していた車に妹が突っ込んでしまったこともある。

こんな調子だったから、ケガもしょっちゅうだった。

いつだったか、その坂で転んで手をついた時、何かに刺さって左手がぱっくりと切れてしまったのだ。

「うわ、肉が見える！」

大きく開いた傷口からピンク色の脂肪が見えていた。かなり痛かった。でも、痛みよりも初めて見た自分の〝肉〟が、意志を持った生き物のように動く様子に衝撃を受けた。その傷は僕の手に今も残っている。

「あら、女の子かと思ったら男の子だったのね」

そんなふうに知らない人に言われるたびに、憂鬱な気分になった。当時の僕がよく女の子に間違えられたのは、顔立ちや色白だったせいもあったのだろうが、最大の理由はおかっぱ頭だったからだと思う。僕の髪は、きまって母が切っていた。

母は手先が器用な人だ。絵も上手で、僕と妹の似顔絵をよく描いた。リズミカルに紙に鉛筆を滑らせる母の横で、僕は虫の絵を描いていた。

「こんなに大きな紙なのに、そんなに小さく描いたら迫力が出ないでしょう」

そう言って構図の取り方を教えてくれたこともある。そのおかげなのか、次第に学校では絵を特別に廊下に貼り出されることが増え、周囲からも「伊勢谷くんは絵が上手いね」と言われるようになった。

僕自身は特段、絵が好きなわけではなかった。僕が好きだったのは、絵を描くという行為ではなく、母の隣でともに鉛筆を動かすひとときだった。


僕の記憶にある母は、朝から晩までずっと働き詰めだった。

若い頃はアートへの関心が高く、結婚する前は、美大生が作った小物などをプロデュースして、原宿で販売していたという話を聞いたことがある。しかし、父と別れてからは、自分がやりたいことよりも生活を優先したのだろう。働きながら調理師免許を取ったのは、女手一つで僕ら家族を養うためだった。

忙しい中でも、母が僕らのことを気にかけてくれているのは分かっていた。

夏休みには、母は僕と妹を津軽海峡に面した立待岬《たちまち》に連れて行ってくれた。断崖絶壁の前にどこまでも海が広がる絶景。当時の北海道は、夏といえどもまだ涼しく、水温も高くなかったので、唇を青くして震えながら海に入り、小魚やカニを捕まえたのを覚えている。チンチン電車が走る函館の大通りで開催される縁日は、年に一度のお楽しみ。露店で甘いものを買ってもらえること、この日だけは夜遅くまで起きていても許されること、そして夜、起きている僕の隣に母がいることが嬉しかった。

普段、母が帰ってくるのは、僕と妹が寝た後。布団に入ってから眠りにつくまでの間、僕は窓から一つだけ見えるビルの明かりをじっと眺めていた。

仕事で夜遅い母に代わって、面倒を見てくれていたのは祖父母だった。祖母が作った夕食を、母がいない食卓で食べる。祖父は穏やかで優しい人だったが、祖母は躾に厳しかった。

祖母のことを思い出す時、いつも目に浮かぶのは、祖母の手からコップに注がれるサイダーだ。シュワシュワと細かな泡を立てるサイダーは、いつもコップの3分の1しか入れてもらえなかった。

「あんた、いつもこぼすでしょう。それに虫歯になるから」

それが、祖母の口癖だった。


友だちの家にはお父さんがいるのに、うちにはいない。だからといって、特別悲しい気持ちになったことはない。

「寂しくなかったの？」

大人になってから、そんなふうに聞かれたこともある。

でも、そもそも僕は父親がいる家庭を知らないので、比較のしようがなかった。物心ついた頃から、父親がいないのが当たり前だった。

教育熱心だった母は、本は惜しみなく買い与えてくれた。休日の朝は、早起きして、妹と一緒に布団の中で縮こまりながら世界の偉人伝や子供向けの文学全集を読む。

「この部分に気をつけて折っておくと、仕上がりがきれいになるよ」

そうやって、妹に折り紙を教えてあげることもよくあった。手先を使う作業は、ひたすら没頭できるという意味で、ゲームや外遊びとは違う楽しさがある。それに、きれいに出来上がった時の達成感は格別だった。

函館生活に終わりを告げたのは、小学校3年生に上がる時。もともと母は函館に帰るまでは東京に住んでいたし、僕と妹の将来を見据え、東京という大都市を通して世の中を見せたいと考えたのだろう。2年生最後の春休みに函館の借家を引き払い、祖父母も一緒に上京した。

30年ぶりに訪れた函館で、小学校時代の友人の家に泊まらせてもらった。隣地に住んでいた友人とは別の友だちだ。彼とは函館を離れて以来、交流がなかったのだが、僕が俳優として活動するようになってからSNSで連絡をくれたのだ。

「函館に来るなら、うちに泊まりなよ」

彼のありがたい申し出に甘えて、僕だけでなく同行した友人まで一緒に家に泊めてもらうことになった。彼はすでに結婚していて、子供もいた。

警視庁湾岸署

２０２０年９月８日の午後３時すぎ。ちょうど映画撮影の休日だったこの日、気分転換にスケートボードをしに出掛けようとしていた時だった。

玄関を出ると、外に待ち構えていたのは10人以上もの男たち。まるで映画やドラマのワンシーンを切り取って貼り付けたかのような違和感のある光景。警察官だと気づくのに、時間はかからなかった。

「伊勢谷友介さんですね」

捜索差押許可状を見せられ、彼らの目的が分かった。

「警視庁組織犯罪対策５課です。これより家宅捜索を行います」

そのまま部屋に戻り、すぐに家宅捜索が始まった。

リビング、寝室、クローゼット。捜査員は手分けして各部屋に入り、棚や引き出しをかたっぱしから開けていく。きれいに片付いていたはずの部屋は、たちまち、引き出しから取り出された物で溢れかえった。

ほんの数分前まで、一人でくつろいでいたこの部屋が、自分が見たこともない空間になっていく。でも、僕が部屋の中の物に手をつけることは一切許されない。

部屋の隅に立って、警察官の動きを見ているうちに、めまいを覚えた。目の前で起きていることは、現実のものなのか。

「テーブルの引き出しです」

僕はそう言った。

「○時○分、大麻取締法違反の現行犯で逮捕します」

ドラマでよく出てくるこんな言葉があったのかどうか分からない。気づくと、僕の手には手錠が掛けられていた。乾燥大麻4袋を所持していたという容疑だった。

それまでも、俳優やミュージシャンなど芸能界の人が大麻で逮捕されていたことは、もちろん知っていた。その都度、不祥事として大きく報じられ、出演映画が公開中止になったり撮り直しを余儀なくされるなど、社会的に影響を与えることも当然、認識していた。でも、自分だけは大丈夫。捕まるわけがない。どこかでそう考えていたのかもしれない。今思えば、本当に浅はかだった。

警視庁湾岸署の留置所。グレーのスウェット上下に着替えさせられ、独居房に入れられた。部屋は6畳ほどで、布団と部屋の隅にトイレがあるだけ。廊下との間は鉄格子で仕切られているだけなので、用を足す時も外から丸見えだ。トイレットペーパーも頼まなければもらえない。風呂に入れるのは3日おきだという。

布団は、まったく厚みのない煎餅布団で、夜も部屋の明かりは煌々とつけられたまま。熟睡することなど、とてもできない。眠れない日々が続き、次第に頭がボーっとしてくる。

食事は非常に質素だった。朝は食パンとジャム。昼と夜は、白飯と揚げ物、小さな卵焼きや昆布の佃煮が入った冷えた弁当とインスタントの味噌汁。栄養を考えて作られているものだとは到底思えない。来る日も来る日も、同じメニューが続き、次第に食欲も湧かなくなった。

「やってもいないのに、取り調べで自白してしまった」といったドキュメンタリーなどを見たことがあるが、その理由が分かるような気がした。留置場の環境によって心身のバランスを崩しているところに、連日のように取り調べが続けば、正常な判断ができなくなるのが当たり前のような気がするからだ。

留置所にいる間は、自分に関するニュースを読んだり聞いたりすることは一切できなかった。

スマホは押収され、テレビも見られないし、当然ネットを見ることもできない。情報入手手段は新聞だけ。ただし、僕の事件の記事は黒塗りにされている。

それでも、他の芸能人の事件の際に目にしてきたから、どのように報じられているか、だいたい想像がついたし、面会に来た弁護士からも話は聞いていた。

ちょうど、公開を控えていた出演映画が3本あったほか、撮影中の作品もあった。僕は俳優業の他にも、未来の暮らしを新たなビジネスモデルとともに創造することをテーマにした企業・株式会社リバースプロジェクトで代表を務めていたが、同社で進行していた案件もある。

そこにかかわるすべての人々に多大な迷惑をかけてしまった。謝って許されることではないかもしれないけれど、なるべく早く謝罪をしなければ――。

留置所で販売されている便箋を買い、机に向かって手紙を書き続けた。仕事の関係者10人以上に書いただろうか。これで許されるとは決して思えないけれど、僕ができることはそれしかなかった。


僕は独居房にいたので、取り調べや面会がない日は、一日中誰とも話すことなく時間がすぎていった。唯一の話し相手だったのが、留置所担当官――いわゆる「担当さん」と呼ばれる警察官だ。

僕の担当さんは数人の交代制勤務。よく話したのは、そのうち3人ほどで、みんなまだ30歳前後の若手だ。

留置所では、運動場で身体を動かす時間が設けられている。他の人は、何人か一緒に運動場に行くらしいが、芸能人のように名前と顔を知られた人間が一緒になると、からかわれたりすることがあるそうで、僕は他の人とは別の時間帯に一人で行くように時間割が組まれていた。

太陽の光を浴びて、外の風を感じる。少しはリフレッシュになるが、それでも狭い塀の中に閉じ込められていることに変わりはない。

そんな時に、担当さんと少し言葉を交わした。

留置所では、基本的に名前ではなく番号で呼ばれる。しかし、個人的に話す時は、担当さんは僕を番号ではなく「伊勢谷さん」と呼んでくれた。

僕は彼らに率直に問うた。「まだ罪が確定していない人間を留置する施設なのに、人権を無視したような扱いを受けることの理不尽さについて、どう思うのか」と。

「伊勢谷さんの言っていることは分かります。でも、無理なんですよ」

彼らはそう口をそろえた。


9月30日、保釈の決定が下り、僕は22日ぶりに外の世界へと出ることになった。

留置所を出た後、別室で弁護士が持ってきたスーツに着替え、髪型もきちんと整えた。それは、報道陣の前に姿をさらすから、という理由ではなかった。この保釈は、僕にとって最初の〝謝罪の場〟でもあると考えていたからだ。

不祥事を起こした芸能人が警察署の前で謝罪すると、「誰に謝っているのか」「ここで謝る必要があるのか」などという議論になる。

しかし、僕の場合は、逮捕によって迷惑をかけた人、損害を被った人が現実にいた。外に出た瞬間に、まず謝罪するのが当然だと思った。

報道陣が詰めかけているのは想定できた。けれど、湾岸署前で待ち構えていたその数は、僕の想像をはるかに超えていた。

一歩外に出た瞬間、無数のフラッシュが光った。職業柄、慣れているつもりだったが、自分だけに向けられるあの光は、俳優として浴びてきたものとはまったく違う種類に感じられた。

息を吸って、前を見据えた。

「ご迷惑をおかけして、申し訳ありませんでした」

短い言葉にしたのは、むやみに言葉を重ねても本当の謝罪の気持ちは伝わらないのではないかと思ったからだ。

頭を下げている間、様々な人の顔が脳裏に浮かんだ。出演していた映画の関係者、リバープロジェクトにかかわっていた企業の方々、ともにプロジェクトをやってきた仲間たち——。

迎えに来てくれた弁護士の車に乗り込み、湾岸署を後にした。

車窓に東京の景色が浮かび上がる。35年以上住んで見飽きていたはずの東京の景色が、まるで初めて訪れる場所のように感じられた。

渡嘉敷島

人生初の一人旅で、沖縄の離島にいったのは、大学院1年目の春のことだった。

恒例になっていた友人たちとの旅行で、沖縄本島へ行った僕は、4泊の日程を終え、みんなで空港へ向かおうという時、無性に後ろ髪を引かれるような思いがして、「沖縄に残りたい」と強く感じた。

なぜ、そう感じたのかよく分からない。ただ、この時、旅を延長していなければ、その後の僕の人生は変わっていたと思う。

友人たちが機上の人になった後、一人で那覇港からフェリーに乗った。渡嘉敷島は、慶良間諸島の東端に位置する島で、透明度が高く美しい海にダイバーたちが集う……というのは、後から知ったことで、僕の目的はダイビングではなかった。なぜそこに行ったのか、たまたま那覇からのアクセスが良いという理由だけだったのかもしれない。

島に着いて原付バイクを借り、平屋ばかりの集落を走った。思いつきでやってきたから、宿ももちろん予約していない。

「今夜は野宿するか」

テントを持っていたので、ビーチのすぐ近くのキャンプ場に泊まることにした。

いくら沖縄が暖かいとはいえ、まだ3月だ。ほかに誰もいるはずないだろう。

原付を停め、林の中をビーチに向かって進んでいくと、話し声が聞こえてきた。見ると、髪も歯もないおじさんと、ヒッピー風の二人の若い男がいた。一人になりたかった僕は、できるだけ彼らを避けるようにして、テントを張ろうとした。ところが、

「あんた、今日来たばっかり？　こっちに来て一緒に飲まないか？」

すでに酔っぱらって顔を赤くしていたおじさんの誘いを断り切れず、僕は3人の輪の中に入ることになった。

おじさんは、任俠の世界から足を洗い、自転車で一人旅に出たが、途中で自転車が壊れてしまい、半年間ここに滞在しているという。

ヒッピー風の男たちは、様々な場所を点々としながら旅を続けて、この島に行きついたという。一人は、体格が良く、手に入れ墨のあるタマキさん、もう一人は痩せていてドレッドヘアのケンさん。

「1杯だけ」のつもりが、夕飯までごちそうになり、完全に酔っぱらった僕は、いつの間にかおじさんのことを「おっちゃん」と呼び、彼らの近くにテントを張った。

それから彼らとの共同生活は、2週間にわたった。


朝は鳥の声と降り注ぐ日差しで目が覚める。

そのままビーチを散歩して、アカマツの枯れ枝を拾い、それを折って薪にして、朝食の準備が始まる。

ここでの暮らしは、シンプルだった。海や山から食べられるものを必要な分だけ採り、自然の恵みをいただく。

僕は、タマキさんとケンさんから、ここで生きるための様々な術を学んだ。

海に詳しいタマキさんは、僕に魚釣りを教えてくれた。潮の流れ、魚のいる場所、獲物の捕らえ方——。釣りといっても、釣り道具など持っているわけもない。根がかりしたまま放置されていたルアーを丁寧に外して使ったりした。

ケンさんは植物の知識が豊富で、近くの丘で自生している草木の中から食べられそうなものを選んで摘んでくる。

「茎ごと引っこ抜いたほうが効率いいと思うだろ？　でもダメだ。一株から一枚ずつ葉をちぎれば茎も根も生き続けるから、明日もまた食べられる」

目の前の効率を追い求めて欲張れば、最終的に自分たちの首を絞めることになる。ケンさんはそう教えてくれた。

彼が集めた植物の葉をサラダにして、釣った魚を焼いて食べる。味付けに使うのは、以前の旅行者が残していったという調味料だ。

洗剤を使わず、水だけで食器を洗い終わった後は、海風に誘われて、ひと眠り。

夕方、海に出て協力して魚を釣り、帰ってきたら泡盛を引っかけながら夕食の準備が始まる。

食べ終わり、ケンさんがアフリカ起源の太鼓「ジャンベ」を叩くと、自然とみんなが歌い、踊り始めた。音楽と満点の星空を肴に泡盛が進み、疲れた頃テントに戻り、心地よい充実感とともに眠りにつく。

お金を使うのは、近くの商店で泡盛を買う時ぐらい。
余計なものは何もない。それなのに、心はこれまでにないほど満たされていた。シンプルな自分の行動が、今日、明日を生きることにつながっている。なんて健康的で穏やかな生活なんだろう。

そんなふうに暮らし始めて数日経った頃だったろうか。僕は、腕時計を外し、バックパックにしまった。時計などなくても困らない。なにせ「○時に○○をしなければならない」という予定がまったくないのだから。それに、太陽の傾き、空の色、空腹度合いが時刻を教えてくれる。

ついでに、パンツをはくこともやめた。時計同様、はかなくても困らないことに気づいたからだ。むしろここでは、素肌の上に直接ハーフパンツをはいたほうが心地よく、海に入ったあともすぐに乾いて便利だった。

おっちゃんは、海に潜ったり植物を集めてくるのは体力的に厳しかったようで、僕ら若者が集めて来たものをシェアしていた。

旅行者が来て人数が増えた時も、食べものを分け合った。

生きるために必要最低限の食料を自然からいただき、他にそれを求めている人がいれば分け与える。

食べ物を分け合うというのは、愛情を分かち合うことにも似ている。

「お腹空いてるの？　これ、少しだけど食べなよ」

そんなやりとりがあるだけで、相手との間に特別な何かが芽生える。そして、輪が広がっていく。もしかしたら、それが、ヒッピー文化の一つの形なのかもしれないと思った。

夜、眠れない時は、みんなでビーチに行った。電灯もなく真っ暗な浜辺で波の音を聞きながら、様々な話をした。

今も忘れられない話がある。僕が来る少し前にここにいたという「ポンちゃん」と呼ばれていたヒッピーの青年の話だ。

ポンちゃんは、渡嘉敷島に来る前、国内の別の離島に行っていた。その島の美しいビーチのすぐそばには、アオウミガメの研究施設があり、中には水槽に入れられたカメがいたという。

「こんな狭い水槽じゃなく、目の前のきれいな海で泳がせてあげればいいのに」

そう感じたポンちゃんは、施設の管理者に直談判したそうだが、「そんなことできるわけないでしょう」と返された。

ここに入れておくのは人間のエゴじゃないか。アオウミガメを逃がしてあげたい。

ポンちゃんはその気持ちを抑えきれなかった。ヒッピーの仲間たちにそのことを話すと、彼らも賛同し、その日の夜、こっそり逃がしてあげることになった。

その夜は台風で海は大荒れだった。仲間たちが「今日はやめたほうがいい」と止めるのを聞かずにポンちゃんが一人で施設に行くと、施錠されているはずのドアが、なぜかすべて開いていた。その光景を見て「今しかない」と確信したポンちゃんは、皆を連れ戻し、一緒にアオウミガメを海に逃がしたという。

当然、ウミガメがいなくなって施設は大騒ぎに。主犯格であるポンちゃんは逮捕されたという。結局、彼は無罪放免となったらしいが、この出来事は彼の中に大きなしこりを残したようだった。

その後、ポンちゃんは北海道のあるビーチで、またもやアオウミガメに出会ったという。アオウミガメは基本的に北海道周辺の海には生息していないはずなので、ポンちゃんは驚いた。冷たい海水がたたったのだろうか。そのウミガメは、ポンちゃんの目の前で力尽きたという。

「ウミガメが僕に助けを求めてきているんだ」

そう感じたポンちゃんは、「自分に何ができるのか」を考えるようになった。そして、手作りのアクセサリーを売ってわずかなお金を稼ぎ、海を守り、動物たちを助ける活動をしながら、旅を続けている——という話だった。


僕はポンちゃんと面識もないし、人づてに聞いた話なので、もしかしたら事実そのままではないかもしれない。人から人へと話が伝わるうちに、尾ひれがついてしまうのは、よくあることだ。

だが、そうと分かっていても、僕の目からは、とめどなく涙が溢れた。

けっして裕福なわけではないのに、自分以外の何かのためにお金と自分のエネルギーを使う。それが実を結ぶかどうか分からない。でも、自分が信じた道に情熱を傾ける。ポンちゃんのその生き方に、僕は感動したのだ。

当時の僕は、自分が何者になりたいか、自分のために何をするかだけしか考えていなかった。自分以外の誰かのためにというところまで考えが及んでいなかったのだ。自分がいかに小さい人間なのかを思い知らされたような気がして、暗闇の中で僕は泣き続けた。

帯広

俳優としてこれまで50作近い映画に出演してきた。中でも思い出深いのは、２００６年公開の『雪に願うこと』の現場だ。

僕が演じたのは主人公の矢崎学。東京で一時はビジネスで成功をおさめるも、やがて経営していた会社は倒産。妻から絶縁され、派手な暮らしも友人たちからの信頼もすべて失い、無一文で故郷の帯広に戻る。その学を迎え入れたのは、ばんえい競馬の厩舎を細々と運営する兄・威夫。学は、兄のもとで厩務員見習いとして働き、成績不振で処分される運命の馬・ウンリュウに自分を重ね合わせ、自分の弱さと向き合いながら新たな一歩を踏み出していく。

「伊勢谷君は、東京っぽい雰囲気がある上に、なんとなくいい加減な感じがするから、学役にぴったりだよね」

根岸吉太郎監督は、僕をそう評してくれた。

「俺が、この作品を伊勢谷君の代表作にするから」

そんなことまで言っていただけて、俳優として嬉しくないわけがない。必ず監督が求めるパフォーマンスを見せようと、かなり気合いを入れて撮影に臨んだ。

共演者には、佐藤浩市さん、小泉今日子さん、津川雅彦さん、山﨑努さんをはじめ、そうそうたる先輩方がそろっていた。しかし、萎縮してしまうと、僕自身の芝居だけでなく映画全体に悪い影響が及んでしまう。だから、相手が誰であろうと、実世界での僕の感情を入れないように、あくまでも学というキャラクターが作品上で相手に抱いている感情で接しようと意識していた。

当時、僕は29歳。映画には10作以上出て、俳優として経験を少しずつ積み重ねていたと同時に、試行錯誤しながらようやく自分なりの演技の方法を確立しつつある時期だった。

まず、セリフを完璧に覚える。セリフから人物の感情の糸を見つけて、自分の中に落とし込んでいく。そういう方法で臨んでみたものの、根岸監督の演出は、僕が積み上げていたものを根本から覆していった。

たとえば、監督は、僕に一度セリフを言わせてみてから、

「このセリフは言わなくていい。これも言わなくていい」

そうやって、現場でどんどんセリフを省いていったのだ。

セリフは脚本家にとっても監督にとっても、この上なく大切なものだ。ギリギリまで考え抜いて紡いだセリフをあっさりと現場で抜いていくことに驚いた。そして、セリフが極限まで削られたことで、「これを言う時は、険しい表情をしよう」みたいな考えは消えていった。感情は研ぎ澄まされ、自分の心の中から湧き上がるものを純粋に表現できたような気がした。

当時の僕の演技の技術は、まだまだ足りなかった。しかし、根岸監督の演出法は、僕に集中力を与え、技術を高めてくれたと思う。

それを一番強く感じたのが、威夫役の佐藤浩市さんとのシーンだ。ウンリュウの騎手をめぐって口論になり、殴りかかってきた佐藤さんに、僕が新聞を投げつけて叫ぶ。

「暴力しかねぇのかよ！」

佐藤さんの怒声が飛ぶ。

「お前、ウンリュウ勝たせたくねぇのか！」

「勝たせてぇよ。あいつが走るとこ、俺も見てぇよ」

そう言って、佐藤さんをにらみつける。

「カット！」

監督の声が飛んできた時、それまでに経験したことのない快感が押し寄せた。

自分の中の感情をはじけさせ、１００％昇華させることができたような、そんな気がしたのだ。


快感の余韻をかみしめながらセットを出た時、目の前にスッと右手が差し出された。

佐藤さんの手だった。驚きと感激に震えながら、僕も右手を差し出す。強く握った佐藤さんの手は、温かかった。

「良かったよ」とか「いい芝居だったな」などといった言葉はなかったけれど、僕は確かに感じた。

芝居は人間どうしがやるものであり、誰と一緒に演じるのかによって、内容は変化する。

いわば人間どうしが起こす化学反応のようなものだ。同じシーンでも、相手の表情やセリフの抑揚が少しでも変われば、シーン全体の印象は大きく変わってくる。二度と同じ瞬間はないし、正解も決まっていない。だからこそ、自分の感覚が正しいのかどうか、不安になることがある。

あの時感じた快感は、役者として間違っていなかった――。佐藤さんに握手をしていただいたことで、初めて自分の感覚を信じられたような気がした。

正解のないものを追求するからこそ、「いい芝居だった」と感じた時に、お互いをたたえ合うことによって、それぞれが自信をつけていく。それが、役者という仕事の醍醐味の一つなのかもしれない。

「お互いに」といっても、この時は僕が佐藤さんに自信を与えてもらっただけで、僕は佐藤さんにそれをできるような立場にもなければ、そのような能力もない。

いつか他の現場で、若手の役者のいい芝居を引き出し、自信を与えられるようになる。それが、佐藤さんへの恩返しにつながると思う。

岐阜

32歳差の異母兄・山本寛斎さんと最初に顔を合わせたのは、父が亡くなった時のこと。父は母と結婚する前に何度か結婚を経験しており、僕には何人も異母兄がいる。そのうちの一人が、寛斎さんなのだ。母の話では、幼い頃に少しだけ会ったことがあるらしいのだが、僕はまったく覚えていない。

父の葬儀の時、まだ高校生だった僕は、寛斎さんが世界的に有名なデザイナーだとは知らず、「ずいぶんオシャレな人だなぁ」と圧倒された記憶がある。この出会いを機に、僕は寛斎さんが日本人として初めてロンドンでファッションショーを開催した著名なデザイナーだと知った。

初めて会った時から、寛斎さんは、ふつうのおじさんとは違うオーラがあった。シャキッと背筋を伸ばし、洒脱な服を着こなして、豪快に笑う。これぞカッコいい大人の代表のような人で、そんな素敵な人と血のつながりがあることが誇らしかった。

寛斎さんとその弟さんは、長いこと僕ら一家のことをずいぶん心配してくださっていた。小さい頃は、クリスマスなどのイベントのたびに、おもちゃなどのプレゼントが贈られてきていたのだが、これは、寛斎さんの弟さんが買ってくれていたという。寛斎さん兄弟は、僕にとってあしながおじさんのような存在だったのだ。

ふつうならば、生活を共にしたことのない異母弟の面倒など見る義務はない。それなのに、折に触れて僕らのことを気にかけてくださった背景には、父が寛斎さん兄弟にしたことも含めて、父という人間への不信感のようなものがあったのではないかと僕は思っている。別れた妻子に対して、養育費や生活費を渡したりしていないだろう。そう寛斎さんたちは察していたのかもしれない。

また、母が寛斎さんとさほど年が変わらないことも、気にかけてくれた理由の一つだと思う。体力的にもしんどい年齢にもかかわらず、女手一つで子供を抱えて大変なんじゃないか。言葉には出さなかったけれど、そう気遣ってくれていたのだろう。

父の葬儀で会って以来、寛斎さんとはたびたび連絡を取っていた。大学に合格した際も、連絡すると、とても喜んでくれた。

「お祝いに飲みに行こう！」

と連れて行ってくれたのは、高級そうな和食店。それまで行ったこともない雰囲気の店のカウンターで、ドキドキしながら刺身をつまむ僕の隣で、寛斎さんは、焼酎をおいしそうに飲んでいた。大葉と唐辛子を入れた「金魚」という飲み方だった。

「おめでとう。入学祝いだよ」

渡された包みには、５万円が入っていた。こんなふうに心を寄せてくれる大人がこの世にいる。それが、たまらなく嬉しく、そして心強かった。

大学入学後、僕にとっての寛斎さんは、あしながおじさん的な存在から、尊敬するアーティストへと変化した。

寛斎さんは、デザイナーとしてだけではなく、イベントのプロデュースや舞台監督など幅広く活躍しており、アートの世界を志す学生の一人として、様々なところで寛斎さんの功績を見聞きするようになったからだ。

中でも僕が強く影響を受けたのが、寛斎さんのショーの準備の様子を追ったドキュメンタリー番組だ。次々と壁が立ちはだかる中、何があっても自分の信念を曲げず、突き進む寛斎さんの様子に、大きな感銘を受けた。

寛斎さんは、周囲の人のモチベーションを上げるのに長《た》けていた。寛斎さんのショーでは、多くのスタッフを必要とする。かかわるすべてのスタッフが寛斎さんの表現したい世界観を理解し、一丸とならなければショーの成功はない。寛斎さんはそれを誰よりも熟知していたのだろう。ドキュメンタリーでは、周囲のスタッフを鼓舞し、励ます寛斎さんの姿が映し出されていた。

「僕も、こうありたい」

ドキュメンタリー番組を録画したＶＨＳを見るたびに、尊敬の気持ちがどんどん強くなっていった。

あれは大学院時代だっただろうか。藝大の仲間と作ったアートチーム「カクト」で、寛斎さんが岐阜で開催した大規模なショーの演出を一部、手掛けたことがある。

岐阜は、寛斎さんにとって小学生から高校までをすごした思い出の地。母校の制服や体育館の緞帳《どんちょう》をデザインしたこともあるそうだ。

寛斎さんから演出の依頼を受けた時は、飛び上がるほど嬉しかった。僕らの作品を気に入ってくれたのか、それとも、年の離れた弟に活躍の場を与えてやりたいという思いからだったのか。どういった理由で僕を指名してくれたのか、寛斎さんの胸の内は分からないけれど、尊敬する寛斎さんに、アーティストとして自分を認めてもらえたような気がして、誇らしかった。

ある雑誌の企画で、「師匠と弟子」の姿を映し出すという企画のオファーがあり、「伊勢谷さんの師匠は誰ですか?」と聞かれた時、僕は迷いなく寛斎さんの名前を挙げている。寛斎さんは、兄というよりも尊敬するアーティストであり、人生の師匠でもあったからだ。

創作に対する寛斎さんと僕のセンスや作品に対する向き合い方は、まるっきり違う。

「僕と友介君のセンスは全然違うよね」

寛斎さんからもそう言われたことが何度かある。

寛斎さんはパッションの人だ。「人間は無尽蔵のエネルギーを持っている」というのが寛斎さんの考え方で、世の中に元気をもたらすために創作を続けていた。

また、寛斎さんは、自身の作品や演出を誰よりもこよなく愛している。そう感じる瞬間がたびたびあった。

一方で僕は、映画でも僕が思うように撮ると作品のイメージが狭まってしまうと考えるタイプで、自分のアイディアだけで作り上げることに躊躇してしまうほうだ。だからこそ、寛斎さんに憧れたのかもしれない。

その後も、僕は何かに迷うたびに、ドキュメンタリー番組のＶＨＳを見返した。何度も何度も、擦り切れるまで。寛斎さんは、自分の作品で世の中を元気にしたいと願っていたが、僕は寛斎さんの存在そのものにパワーをもらっていたように思う。

寛斎さんが急性骨髄性白血病でこの世を去ったのは、２０２０年7月。

もう長くないかもしれないという話は、前から聞いていた。

最後に会ったのは、亡くなる1週間ほど前だった。「友介君に会いたがっている」と、ご家族から連絡を受けて、一人でご自宅にうかがった。

もう病院でできる治療はなく、家に戻って、会っておきたい人に連絡をしている時期だったのだろう。

久々に会った寛斎さんは、顔色が悪く、驚くほど痩せていた。きっと、起きているだけでもしんどい状況だったのかもしれない。そんな中でも、目も覚めるような鮮やかな色彩のスウェットを着て、ベッドに横にならず、座って僕を出迎えてくれた。

「久しぶりだね。元気にしていた？」といったたわいもない世間話がひとしきり続いた後、寛斎さんが唐突に口にした。

「なあ、俺の生き方、どうだった？」

一瞬、答えに詰まった。

「自分に残された時間は、もうわずか。そして、友介君に会えるのも、今日が最後だ」

そう寛斎さんからはっきりと宣告されたような気がしたのだ。

もちろん、余命が長くないであろうこと、だからこそこの場に呼ばれたことは頭では理解していた。しかし、同時に、あの元気な寛斎さんが亡くなる日が来るわけがないと信じたい自分もいた。だからこそ、ご本人の口から「どうだった？」と、過去形の言葉が出たことに、僕は動揺を隠せなかった。

「僕は……本当にリスペクトしています。早くから世界に挑戦して、演出家として大きなショーも実現された。ご自分の信じた道に対してひたすら努力し続ける寛斎さんの姿は、心からリスペクトしています」

思っているすべてをぶつけた。

「そうか……」

寛斎さんは、ひと言だけつぶやいて、満足そうに微笑んだ。いつも明るく、豪快な笑顔が印象的な人だったけれど、その微笑みは、これまで見たことのないような穏やかさをたたえていた。

寛斎さんが息を引き取った——。報せをくれたのは、娘の山本未來さんだった。彼女は僕の姪にあたるが、年齢は二つ上。年が近いことや、俳優という共通点もあって、寛斎さんご一家の中では一番距離が近い存在だ。

新型コロナウイルスの状況下というのもあり、葬儀は、ごく親しい人だけでひっそりと行われた。それもあり、僕の家からは僕だけが参列し、母と妹は参列を見合わせた。

火葬場での最後のお別れの時、一人ひとりが棺の中の寛斎さんに向かって、言葉をかける時間をいただいた。

「寛斎さんは、僕にとって大きなメンターであり、尊敬する人生の先輩でした。創作に対する情熱をはじめ、とても大きな影響を与えてくださったと思っています。本当にありがとうございました」

寛斎さんは、生前から「葬式は明るくやってくれ」と言っていたらしい。だから、メソメソした姿は見せたくはなかったけれど、溢れる涙を止めることができなかった。

ご遺族のご厚意によって、僕もお骨を少しだけ分けていただき、今も自宅に大切に保管している。

アスレチック公園

小学校3年生の時、僕ら一家は、東京に移り住んだ。

最初に住んだのは、母の弟——つまり、僕の叔父の家だった。決して広くはない家に母、祖父母、僕、妹の5人が一気に転がり込んできたものだから、何かと無理が出てきたのだろう。小学校4年生の頃には、僕ら一家は近くのマンションに引っ越し、そこに母の妹——僕の叔母も加わって6人での生活が始まった。

当初は、言葉のなまりが抜けなくて小学校でからかわれたこともあった。

「東京の人って、バカにしてくる」

それが、最初に抱いた東京へのイメージだった。

函館では、性別関係なく気の合う子とは親しくしていたのだが、東京の学校では、みんな大人っぽくて、男子は男子、女子は女子でグループになって遊んでいた。

だから、函館にいた時のノリで女子に話しかける僕は、〝ちょっと変わったヤツ〟と映ったのかもしれない。

思い返せば、この頃から僕はずっと「変わったヤツ」扱いをされてきたような気がする。かといって、特別いじめられていたわけでもない。時間とともに気の合う友だちもできて、学校にもなじんだ。他の子みたいにお小遣いをたくさんもらっていなかったから、駄菓子屋に行くと友だちがお菓子を奢ってくれた。

〝あの人〟が現れたのは、そんな頃だった。

4年生の遠足で、都内のアスレチック公園に行った時のこと。

パシャッ、パシャッ！

ふいに聞こえてきたシャッター音に振り向くと、物陰からカメラを構える初老の男がいた。

遠足には学校から依頼されたカメラマンがついて来ていたが、その男は明らかにカメラマンではなかった。それは、小学生の僕にもすぐに分かった。カメラマンはあちこち動き回って子供たちをまんべんなく撮影しているのに、その男のカメラは僕だけに向けられていたからだ。

そのうち、男は少しずつ僕に近寄ってきた。不審者なのだろうか。恐怖というよりも、言葉にできない嫌悪感が湧いてきた。大きく息を吸い、まっすぐに視線を男に向けた。

「あの……気持ち悪いんで、やめてください！」

自分でも驚くぐらいハッキリと声に出していた。男は、一瞬驚いたような、ひるんだような表情を浮かべた。それがすぐに、明らかな落胆の色に変わっていくのが見て取れた。そして、何も話しかけることなく、その場を離れていった。僕の方を何度も振り返りながら——。


その男が、自分の実の父親だと知ったのは、しばらく経ってからのことだった。

「遠足の時、気持ち悪い人に写真を撮られた」

何かのきっかけで、そう母に話したところ、驚いた母が学校に問い合わせたことから、「どうやら父ではないか」と判明したのだという。

ずっと連絡を取っていなかった父が、なぜ遠足のことを知っていたのだろうか。はっき

小学2年生の絵日記

りとは分からない。おそらく父は、こっそり学校に電話して、教えてもらったのだろう。当時は、今ほど個人情報の管理に対する意識が高くなかっただろうし、僕と父の関係について学校側もきちんと把握していなかった可能性もある。だから「伊勢谷友介の父です」と名乗れば、あっさりと教えてもらえたのかもしれない。

なぜ父は突然、僕の目の前に現れたのだろうか。息子にひと目会いたい。遠くからでいいから、成長した姿を見たい。そんな思いからの行動だったのだろうか。わざわざ遠足の場を選んだのは、家に来ても母に追い返されると分かっていたからか。あるいは母に合わせる顔がないからか——。

テレビドラマなら、「感動の再会」のシーンだろう。あるいは、「お父さんは僕のことを思っていてくれたんだ……」と、子供が涙するシーンかもしれない。しかし、僕の胸には、感動も喜びも、まったく湧き上がらなかった。

ずっといなくて当たり前だった存在。突然現れたところで、嬉しくなるわけがない。

「今さらやってきて、何がしたいんだ?」

ある種の怒りすら覚えた。

僕が3歳の頃、母は離婚して、それ以来父とは会っていないので、もちろん僕は父の顔を覚えていなかった。写真など、父のことが分かるものも家には一切なかった。もしかしたらあったのかもしれないが、母がそれを僕に見せたことはなかった。

一つだけ、父が僕と生活を共にしていた証しがある。それは、父の声がわずかに吹き込まれているカセットテープだ。赤ちゃんの僕を父がくすぐっているもので、流れてきたのはおもに僕の笑い声だ。父の声は、その合間に少しだけ入っていた。

この時、父はどんな顔をして、僕をくすぐっていたのだろう。どんな思いを抱きながら赤ちゃんだった僕に向き合っていたのだろうか。一瞬だけ、そんな思いがよぎった。テープを聞いたのは、その時、ただ一度きり。母が嫌がっていたのもあるけれど、それ以上に、僕自身も「父」について考えることに、意識的に蓋をしていたのかもしれない。

父との〝再会〟は、思いがけない形で訪れた。

僕が高校2年生の時、父が病気で亡くなったのだ。70歳だった。

葬儀の席で見た遺影が、僕にとって初めてきちんと見た父の顔だった。

しかし、どんなにまじまじと遺影を見ても、何の感情も湧いてこない。僕からすれば「知

今日、堀君達とや球をやってました。それから堀君の家ファミコンをやりました。そしてマリオブラザーズというふろ、カセットをやりました。とってもおもしろかったです。
今日ラジオ体操にいったら斉藤君に会いました。斉藤君は野球があてこれない時もありますでも今日はこれてよかったです

7月6日土曜日
きょうはがっこうのぷーるにいってせおよぎをしたりもぐったりしてあそびました。
7月5日日曜日

らないおじさん」の葬儀に出席したような感覚だった。

このお別れの会を主催してくださったのは、寛斎さんとその弟の斎彦さんだったと記憶している。寛斎さん兄弟の他にも、血を分けた異母兄が集まっていて、こんなにたくさんいたのかと驚かされたほどだ。

結婚と離婚を繰り返し、好き放題に生きていた父を、僕は好きにはなれなかった。ちょっとしたことで怒って罵声を浴びせたり、時には暴力もふるうような男。そう母から聞かされていたことも、大きな理由だろう。

でも、父という一人の人間を通じてこんなにも多くの人がつながっていたのかと思うと、不思議な気がした。

遺影で見る父は、寛斎さんや僕と同様、目の印象が強くて鼻や口が大きく、額の形は寛斎さんにそっくりだった。

「親父はね、かわいそうな人だったんだ」

葬儀の時、寛斎さんは、ぽつりとつぶやくように言った。

「さんざん好き放題やって暴力までふるって、何がかわいそうなんだ？」

僕は、そんな感情をぐっと飲み込んだ。

予備校で描いた絵

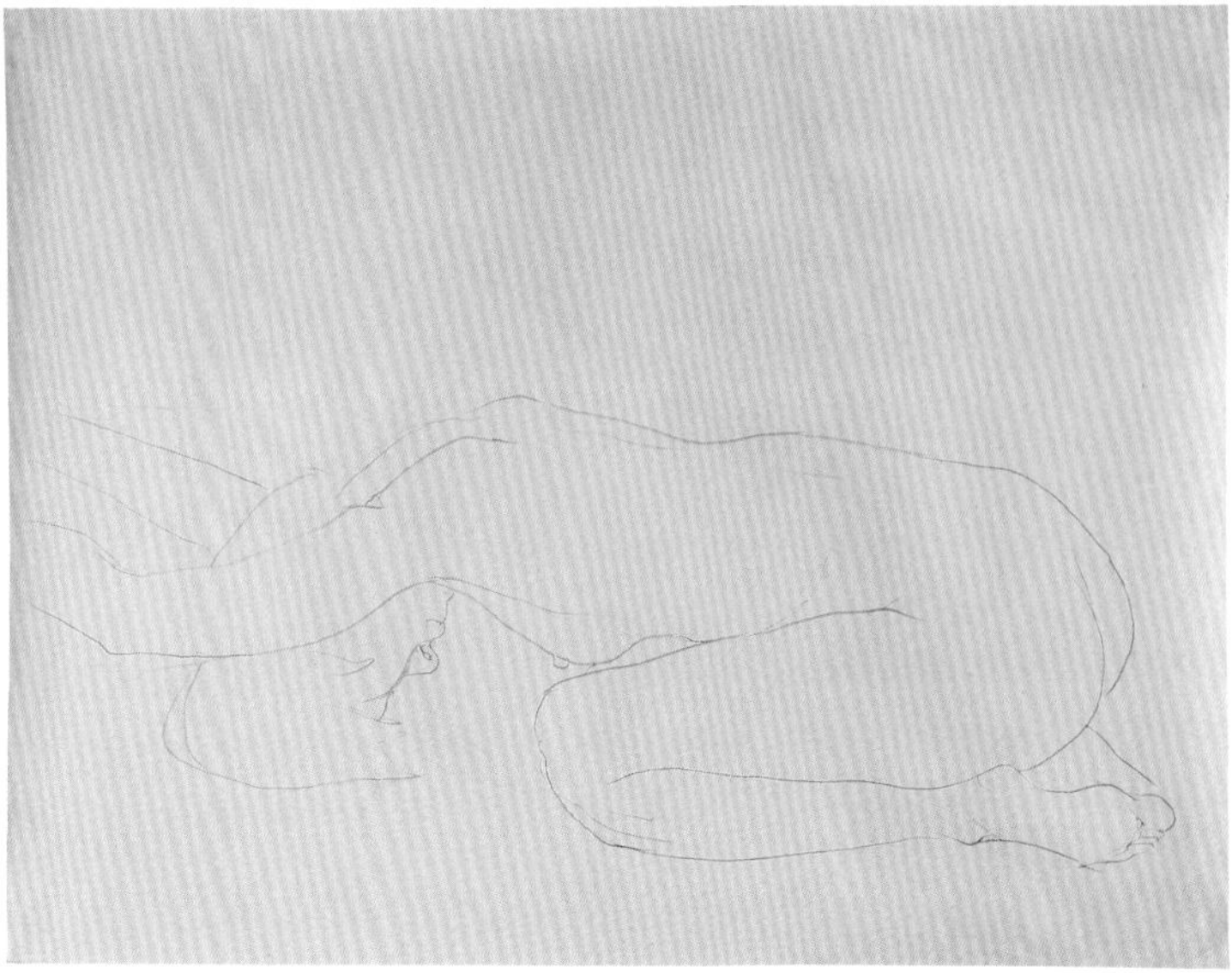

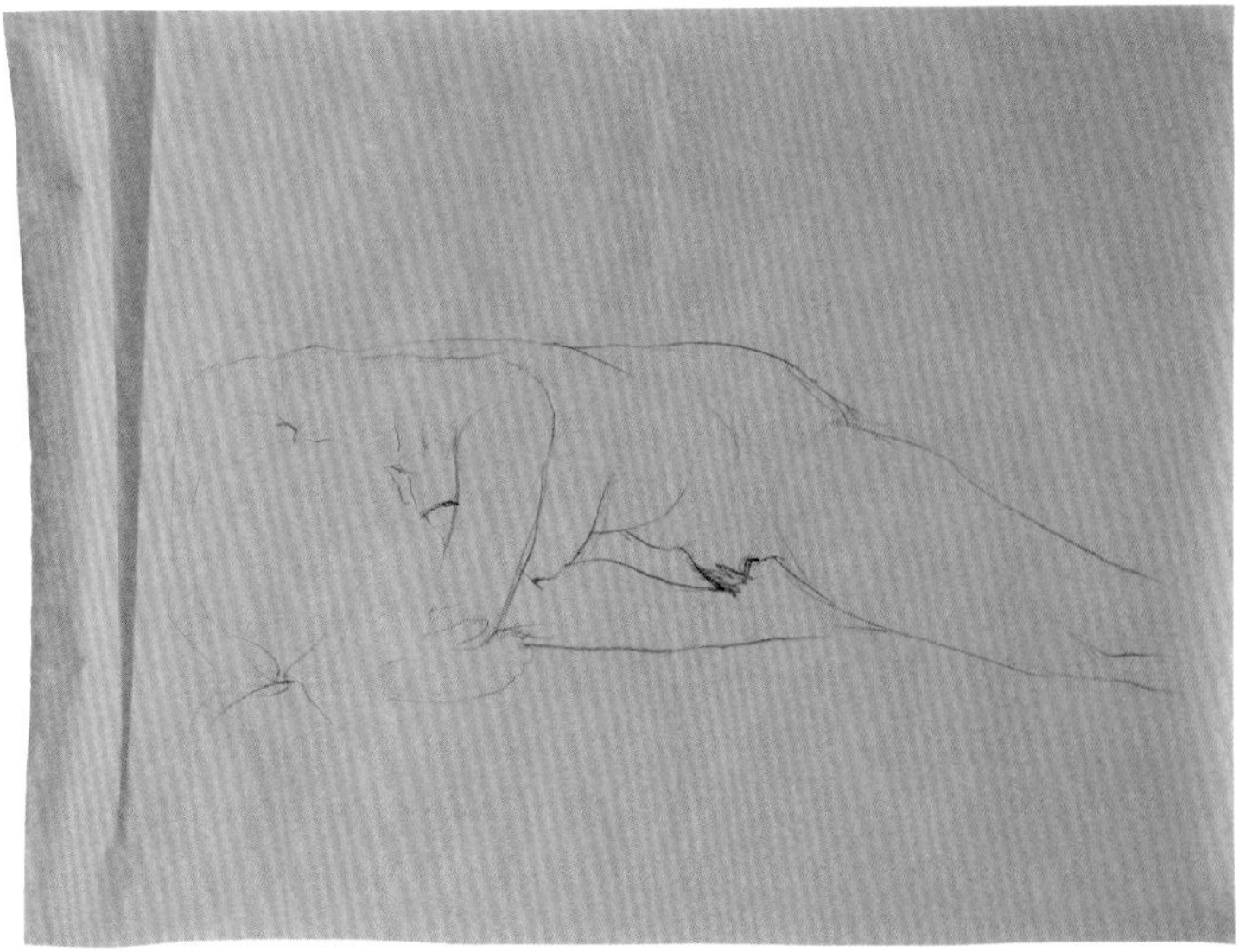

大学1年生

バラナシ

街中に流れる大音量の音楽で目覚め、窓を開けると、埃っぽい空気が一気に飛び込んでくる。香辛料、灰、牛糞。様々なものの匂いが混じり合って、ざわめきとともに身体の中に溶け込んでいく。

寒さに体を震わせ、薄っぺらい毛布を体に巻いて外に出ると、目に映るのは、朝日を受けてオレンジ色に輝くガンジス川だ。

２００４年の年明けを、僕はインドで迎えた。

インドに行こうと思い立ったのは、周囲の影響が大きかったかもしれない。

当時、インドを目指した人が僕の周りにも何人かいた。

「神がかったものを感じる国でね。俺はインドに呼ばれた気がするんだよ」

「生と死がすぐそこにある」

「すべてがショッキングで混沌としている。あれを見ずに世界を語るなんてできない」

インドから帰ってきた人は、異口同音にそう言う。

そんなわけないだろう、国が人間を〝呼ぶ〟わけがないし。同じ人間が住んでいるんだから、ショッキングっていったって、たかが知れている。内心そう思っていたが、どこかでこうも感じていた。「もし、本当なら、その空間を体感したい」と。

その衝動が頂点に達した2003年12月の末、僕はバックパックを背負い、日本を後にした。


この年、二つの大作映画の撮影があり、体力的、精神的にそれまでで一番と言ってもいいほどしんどい日々が続いていた。映画の撮影中に骨折し、さらにその時につけたギプスによって血流が悪くなったことが原因だったのか、腱まで切れてしまった。

さらに、初の監督作である『カクト』の公開も重なった。決して満足いく結果は得らな

バラナシ

バラナシ

かったこともあり、心の中に澱《おり》のようなものが溜まっていくのが、自分でも感じられた。うまく歯車がかみ合っていないような、どこかスッキリとしないこの状況を、インドへの旅が変えてくれるかもしれない。そんな期待もあった。

海外の一人旅はこれが初めてだ。不思議と不安はなく、むしろ、先入観にとらわれたくなくて、ガイドブックで予習したりしなかった。

どこまでも流されてみよう。そんな思いを抱きながら最初に降り立ったのは、アラビア海に面した都市・ムンバイ。空港から出た瞬間、香辛料の匂いが鼻を突き、「ああ、インドに来たんだ」と実感させられる。

ホテルに到着し、あたりをぶらぶら歩いていると、一角から賑やかな音楽が聞こえてきた。見ると、赤い垂れ幕を張った内側で、結婚式をやっている。首を伸ばして中を覗いていると、子供が寄ってきて、いきなり僕の手を取り、垂れ幕の内側へ引っ張っていくではないか。

中では、親族であろう正装した人たちが歓談していた。

部外者の僕がここにいるのは、さすがにマズイだろう。後ずさりしたその時、再び子供に引っ張られて、人の輪の真ん中に立たされて、なぜか新郎を紹介されてしまった。

「コングラチュレーション！」

わけが分からないまま、祝福の言葉をかけ、新郎と握手を交わす。

ここでは見知らぬ観光客が結婚式に飛び入り参加するのも、めでたいことなのだろう。どうやら僕はみんなに歓迎されたようだ。

「ビールを飲まないか？」

「お腹は空いてないか？」

入れ替わり立ち替わり人がやってきて、酒や食事を勧められる。正直、最初は躊躇った。

「食べ物には気をつけろ。当たると、ものすごい腹痛と下痢で地獄になるぞ」

インド経験者の知人から、さんざんそう聞かされていたからだ。

テーブルに目をやると、4種ほどのカレーとサラダが並んでいる。

「お腹いっぱいなので……」と遠慮しても、「いや、減ってるはずだろ」と、引き下がってくれない。

これも何かの縁だ。意を決し、みんなの真似をして右手でカレーとご飯を混ぜて口に運ぶ。意外なほどおいしく「うまい、うまい」と、ガツガツ食べる僕を、みんなは満足そう

ゴア

に見ていた。

翌日、ムンバイを発ち、長距離列車に揺られてゴアへと向かう。延々と続く赤土の荒野を走り抜ける8時間の長旅だ。

ゴアは、ヒッピーの聖地として知られる街で、ビーチ沿いのクラブでは、毎晩のようにレイヴパーティーが行われている。

街をぶらぶら歩いて、ゲストハウスを探した。泊まったのは、1泊500円にも満たない安宿。当時の僕は、俳優の仕事である程度の収入を得ていたが、高級ホテルに泊まる気にはなれなかった。

もともと貧乏性ということもあるが、一流ホテルに泊まって高級レストランでおいしいものを食べても、心が満たされるとは思えなかった。僕が求めていたのは、できる限り、地元の人の金銭感覚に近い旅をすること。そうでなければ、インドという国も、そしてここに住む人々の姿もきちんと捉えられない。それでは僕にとってはインドを訪れる意味がないような気がしていたからだ。

昼は海で泳ぎ、浜辺で読書をし、街を歩いた。

ビーチにいると、様々な人と知り合いになる。大学を休学し旅をしているロシア系アメリカ人。６カ月に及ぶ世界の旅の途中だというドイツ人のカップル。自然と親しくなり、夜は彼らと連れ立ってレイヴパーティーへ足を運んだ。

この街に着いた時、僕は、時計を外すこと、そしてパンツをはかないことに決めた。それは、この街が沖縄の渡嘉敷島ですごした日々を想起させたからなのかもしれない。


街ではよく、知らない人に話しかけられた。結婚式の時のように親切で陽気な人もいたが、すべてがそうだったわけではない。

道を歩けば、誰かが寄ってくる。観光客を相手に観光案内をする人、土産物を売る人、物乞い。頼んでもいないのに、「あなたは特別に案内する」と強引についてきて、お金を要求されたり、「これ、あなたに似合ってる」と、手に無理やりアクセサリーを握らされた末に代金を求められることもあった。

リキシャという三輪タクシーは、乗る際に行き先を告げて料金を交渉するのだが、いざ運賃を支払う段になると、交渉時よりも大幅に高い金額を要求されたりした。すんなりいくことのほうが少なかったかもしれない。

時には、宗教に結び付けて、お金を要求されることもあった。「自分にお金を渡せば、あなたは徳を積める」というのだ。

一度だけ、ストリートチルドレンにせがまれて、日本円で300円にあたる金額を渡したことがあったのだが、徳を積むどころか、むしろその後、激しい後悔に襲われた。

俺がやったことは、ただの自己満足ではなかったのか、と――。

たしかに、この国には、今日の暮らしにもこと欠く人が無数に存在している。通りを歩けば、空虚な瞳でこちらを見つめる物乞いや、路上に寝そべったまま動かず、生きているのか死んでいるのかすら分からない人もたくさん目にした。親もおらず、ストリートチルドレンとして生きなければならない子供たちにも出会った。

彼らが要求してくるお金は、たいてい日本円で数百円だ。渡したところで懐が痛むわけじゃない。でも、僕がそのお金をあげたところで、いったい何が解決するのだろう。僕があげたお金で一時的に、食べものを手に入れることはできるかもしれない。でも、それが底をつけば、また別の観光客に同じことをするだけだろう。その繰り返しに意味があるのだろうか。

「かわいそうだから」という憐れみの気持ちで観光客がちょこちょこと施しをすることが、この国に物事の本質を見失わせている。そんな気すらした。

だったら、どんなに要求されても、お金を渡すことは一切やめよう。300円を渡して後悔した後、僕はそう決めた。


しかし、結果的に、その信念は少し形を変えることになる。

ゴアで、僕はある青年と出会った。彼は、小さな露店で土産物などを売って生計を立てていた。僕が日本人だと分かるなり、彼はこう言った。

「俺、日本人の彼女がいるんだ」

出たよ、またかよ。内心、ちょっとうんざりした。

「日本人の友だちがいる」とか「日本に恋人がいる」とこちらの興味をひき、最終的にお金を要求する。そういった〝手口〟をこの旅ですでに何度か経験していたからだ。

しかし、どうやら彼の話は本物のようだった。

「彼女からもらった手紙があるんだ。読んでくれない？」

彼が手渡してきた手紙は、なんと日本語で綴られている。これじゃ、せっかくのラブレターだって読めるわけがないだろう。せめて英語で書いてあげればいいのに……。そう思いながら、文面に目を落とす。綴られていたのは、シンプルながら真心を感じさせる愛の言葉だった。

僕が英語に翻訳するのを、彼は目をつぶってじっと聞き入っていた。そして、読み終わると、こうつぶやいた。

「彼女は俺にとって神様なんだ」

「神様？　どうして？」

彼は語り始めた。物心ついた頃には親もおらず、この街でストリートチルドレンとして生きてきたこと。生活のために様々な仕事をしたが、どんな場所に行っても、「シッ、シッ！」と追い払われ、街をさまよい続けていたこと。そんな時に彼女に出会い、援助を受けてこの小さな露店を持てるようになったこと——。

「この店があったから、俺は居場所を見つけられた。だから、彼女は俺の神様なんだ」

わずか3平方メートルにも満たないくらいの小さな露店だ。それでも、この店は、彼が生きていく上でのよりどころになっている。

彼がいきいきと商売している様子を見て、僕は考えさせられた。お金を渡すことに意味などないと思っていたけれど、違うのかもしれない。〝施し〟としてお金をただ与えるだけでは、誰かの人生を変えることはできないだろう。しかし、本当に誰かのためを思い、愛情として〝支援〟する。その思いが相手に伝わり、受け取った愛情をしっかりと消化することができれば、それは一時的な施しではなく、誰かの人生をよりよい方向に変えるきっかけになるのではないか――。

ゴアで年を越し、国内線でバラナシへと飛んだ。

インド北部の都市・バラナシは、ヒンドゥー教の一大聖地。さっそく街の中心を流れるガンジス川へ足を運ぶ。視界に飛び込んできたその景色に、僕は圧倒された。

土色とも緑色ともつかない川面には油膜が浮かんでいる。そこに流れてくるのは、ゴミ、洗剤の泡、牛の糞、腐乱した牛や犬の死体……だけではない。人間の赤ん坊の死体がぷかぷかと流れているのを見た時は、思わず目を背けそうになった。だが、人々は腐敗臭が漂うこの場で顔や体を洗い、平然と川の水を口に運んでいる。

すべてが混沌としている――。インド経験者の知人の言葉が、すとんと腑に落ちた気がした。

ガンジス川は「聖なる川」と呼ばれ、多くの巡礼者がこの川で沐浴することを目的に、やってくるのだという。

よくこの環境で沐浴できるな。最初はそれが本音だった。しかし、この大河が沿岸に住む人々の生活を支え、文明を築いたのは紛れもない事実。「汚い」と恐れていては、インドという国をまったく知らないまま日本に戻ることになる。そんな気がして、思い切って、川に飛び込んでみた。

「寒いっ！」

その日は朝から日が出ていたとはいえ、水温は想像以上に冷たかった。なのに、周囲を見れば大人たちは気持ちよさそうに、子供たちは楽しそうに水遊びをしている。

しばらく水の中を漂っていると、次第に水温に慣れてくる。そして、この川が不衛生だということも、不思議なことにだんだん忘れてしまった。

しかし、その代償は、半日後に襲ってきた。突然、激しい腹痛と下痢に見舞われたのだ。川の水は飲まないように注意していたが、鼻や肛門から入ってしまっていたのかもしれない。丸一日、何もできず寝込む羽目になってしまった。

ようやく体調が回復し、ゲストハウスに併設されているオープンカフェでお茶を飲んでいた時のこと。目の前を通りかかったインド人青年とふと目が合うと、彼は言った。

「アイム、タカシ」。

「え？　タカシ？」

もちろん、「タカシ」は本名ではない。日本人の観光客に「タカシ」というニックネームをつけられたらしい。

話しかけられることにうんざりしていた僕だが、タカシ君とはなぜか「話してみたい」と直感的に思った。

「タカシ君、こっちに来て、一緒にお茶飲もうよ」

タカシ君は、片言だが英語が話せた。

冬のバラナシは、日中は20度を超えることもあるが、朝晩はぐっと冷え込む。タカシ君は暖かそうな帽子をかぶっていた。

「その帽子、かわいいね」

僕がほめると、「かぶってみる？」と聞いてくる。

「おっいいね！　似合ってるよ。あげようか？」

さすがに、それは申し訳ない。

「いいよ、いいよ。悪いから」

遠慮したものの、タカシ君は、なおも熱心に勧めてくれた。

「あげるよ。ユウスケに似合ってるから」

戸惑いながらもお礼を言い、帽子を受け取り、少し身構えた。

というのも、この国では、最初に親切にしてもらうと、後からお金を要求されることが何度かあったからだ。親切はタダではない。その裏に必ず何かがある。もしかしたら、この後、「帽子をあげたんだから、お金をくれ」と言われるかもしれない。

その時だった。カフェの店員がタカシ君に向かって険しい表情で何か言い放った。現地の言葉だったので、僕には理解できなかったが、タカシ君の顔から一瞬で笑みが消えたのを見て、とてつもなく嫌なことを言われたであろうことは想像できた。

「タカシ君、何て言われたの？」

「……ここは、お前の入れるところじゃないから、出て行けって」

「なんだよ、それ。ひどいな」

「……まあ、慣れてるから。『誘われたから入ったんだ。飲み終わったら、すぐに出るから』って言っておいた」

聞けば、彼は下級カーストで、普段はこういった場所に立ち入ることは許されないのだという。法律上、カーストによる差別は禁止されているが、実際には、今もなお生活のあらゆる場所に制約をもたらしている。

このままカフェを出て、さよならしてはいけない――。しょんぼりとしたタカシ君を見て、そんな衝動に駆られた。

あらためてタカシ君を見ると、身に着けている服は薄汚れていた。店を出て、行く当てもなく、道をぶらぶらと歩き始めた時、ふと、彼の靴に目がとまった。つま先部分が割れて、歩くたびにパカパカ音がする。もはや靴の役割を果たしていないような気もするが、これが彼にとっての日常なのだろう。タカシ君はまったく気にする様子もなく、涼しい顔で歩いている。

英語は生活のために、独学で覚えたという。観光客相手にアクセサリーを売り歩いて生計を立てているというタカシ君は、この日もネックレスの束をジャラジャラと鳴らしながら持ち歩いていた。

「ユウスケ、これからどこか行くの？」

「何か見に行きたいんだけど、まだ決めてないんだ。どこかいい場所、知ってる？」

僕が尋ねると、案内してくれるという。

「でも、そのネックレス、売らなきゃいけないんじゃないの？」

「いいんだ、今日はもう終わりだから」

タカシ君に案内されるままガンジス川沿いに歩き、ボートに乗り込んだ。なんでも、ここから上流に行くのだという。

「大丈夫、疲れた？」

あどけない顔をしたボート漕ぎの少年に、尋ねるタカシ君。

「交代しようか？」

タカシ君は自ら交代を買って出て、ボート漕ぎの少年からオールを受け取った。客としてお金を払っているにもかかわらず、自分より細身で力がなさそうな少年を思いやったのだろう。

タカシ君は23歳だという。身長は１６０センチもなく小柄だが、しっかりと筋肉がついたいい体をしている。

15歳の頃、働いていたレストランの経営者の息子に「ジムに一人で通うのが嫌だからついて来て」と頼まれ、一緒にトレーニングしているうちに筋肉がついたのだという。

「そのレストランは、給料がもらえない代わりに朝昼晩、三食食べさせてもらってたんだ。お腹いっぱいに食べられたから、身体が大きくなったのかもね」

そういって笑う子供のように無邪気な笑顔を見て、最初に彼を疑ってしまった自分が少し恥ずかしくなった。


河岸にボートをつけ、リキシャに乗ってたどり着いたのは、大学のキャンパスだった。ここに通っているのは上級カーストの人たち。その日は休みだったようで、学生はほとんどいなかったが、いつもはきれいな身なりの学生たちで賑わっているそうだ。

「いつもは大学のあちこちで、チューチューしてるんだよ」

と、タカシ君は笑う。なんでも、公衆の面前でキスしているカップルがたくさんいるのだという。インドに来てから、僕は、堂々とキスしているカップルなど見たことがなかった。それどころか、夫婦らしき男女をのぞいては、カップルがデートしている光景すら見たことがなかったのだが、大学生たちのカルチャーは欧米化しているのだろう。

少し歩いたところに、お寺があった。入り口で靴を預け、裸足で境内に入る。大理石の冷たさが、歩き回って疲れた足にひんやりと心地良い。その心地良さと、境内に漂う静謐な空気にしばし浸っていると、タカシ君が心配そうに尋ねてきた。

「ユウスケ、楽しくない？」

僕が黙っていたので、退屈しているのではないかと感じたのだろう。

「そんなことないよ。シャンティな気分になれるから、こういうところ、大好きなんだ」

シャンティとは「平和」の意。インドの寺院でゆったりと流れる時間に身を任せていると、心がとても穏やかになっていくのを感じる。タカシ君に気を遣ったわけでなく、本心だった。

「良かった。つまらないのかと思ったよ」

タカシ君は、はにかんだような笑顔を見せた。

いつの間にか日が暮れ、あたりは真っ暗になっていた。テラスに腰をかけ、どんよりと暗い夜空を眺めながら、ポツポツとどちらからともなく、自分のことを話し始めた。

僕は、タカシ君に話すべきことではないと思いながらも、自分の思いを率直に伝えた。この旅でたくさんのインド人に出会い、「徳を積めるから」と、お金を要求されたこと、お金をあげても根本的な解決にはつながらないのではないかと感じたこと、しかし、ムンバイの青年との出会いで、その考えが変わりつつあること――。

タカシ君は、黙って僕の話に耳を傾けていた。

穿った見方かもしれないが、深読みすれば、タカシ君だって心のどこかで僕に対する下心がまったくなかったわけではないかもしれない。でも、少なくとも彼は、僕に「お金をくれ」と言ったことは一度もなかった。

僕は思い切って聞いてみた。

「どうしてタカシ君は、こんなに他人に親切にできるの？　僕に対してもそうだけど、さっきボートに乗っていた時も、自分は客なのに漕ぐのを代わってあげていたよね」

「……僕はね、人を楽しませたいんだ」

そうタカシ君は言った。

「みんなは、お金のために観光客に食らいついていく。生活のためには必要なことなのかもしれない。でも、それは違うっていう気持ちもあるんだ。『徳を積む』って、相手が幸せだって感じることをすることなんじゃないかな」

月明かりの下、彼の黒い瞳は強い光を放っていた。

「もちろん、僕は何も持っていない。人にやってあげられることなんて、限られている。だからユウスケに帽子をあげたんだ」

言葉が出なかった。少年のようなあどけない顔つきをしていたタカシ君だったが、内面は僕よりもずっと成熟した大人なのだと思い知った。

相手が幸せだと感じてくれることをする。タカシ君のこの言葉は、バラナシを発ち、日本に戻ってからも、ずっと耳にこびりついて離れなかった。そして、来る日も来る日も考え続けた。

タカシ君よりもずっとお金もあり、仕事もあって、生きることに困っていない俺が、自分のことだけ考えて生きていていいのだろうか。誰かの人生をよりよい方向に変えるお金の使い方はあるのだろうか。だとすれば、それは、どんな形で実現できるのだろうか、と——。

目白

僕は、物心ついた頃から手先は器用だったものの、特にアートに関心が高かったわけではない。中学時代は、美術部ではなくバレーボール部に入った。仲のいい友だちが入ったからという理由だけで選択した部活だった。

バレー部の思い出は、ご多分に漏れず「先輩のしごき」だ。

小学校の時は、年齢が異なってもそれを意識させられることはさほどなかったのに、中学校に入った瞬間、いきなり上下関係が生まれ、1年先に生まれたというだけで「○○先輩」と呼ばなければならなかったり、敬語を使わなければならなくなる。その理由が僕にはよく理解できなかった。

だから、先輩への気遣いとはかけ離れた発言をすることもあった。あまり上手くない先輩が僕らを追い出してコートに陣取った時には、こう言った。

「へたくそなのに、コート占領するんじゃねえよ」

僕は、この頃から「ルールには理由がある」と考えるタイプだった。僕には「下手な人に長時間コートを譲ったって、俺ら試合で勝てないじゃん」という〝論理〟があったわけだが、当然、言われた先輩は不愉快だ。トイレに呼び出され、正座させられて平手打ちを食らったこともある。

しかし、この経験は、ある意味で社会への扉となったのかもしれない。

実際の社会においても、たとえ事実であっても上下関係を無視して失礼な発言をしたり、相手の心を傷つければ、平手打ちはなくとも、嫌われたり干されたり、なんらかの制裁を受ける可能性が高い。「社会とはそういうものだ」というのを、この時学んだような気がする。

振り返ると、中学生の頃から周囲とのズレを感じることが増えた。

今でも、僕は些細なことにも理由や理屈を求めたり、物事を真面目に捉えすぎる面がある。

「まあ、こんなもんだよね」

とみんなが仕方ないと思いながらも受け入れていることが、僕には受け入れられない。みんなはなぜ疑問を持たずに溶け込めるのだろうか、そして自分は、なぜすんなりとそれを受け入れられないのか。みんなが溶け込んでいる世界に自分もなじみたい。でも、なじめない。それはコンプレックスだった。

「個性があるのはいいこと」と、口では言うけれど、僕の個性はみんなに認められるものではないのか。みんなと違っている僕がおかしいのか——。

体格もコンプレックスの一つだった。当時から、手足が長くて頭が小さいタイプだったが、その体格にアドバンテージを感じられるようになったのは、大学時代にモデルになってからのこと。

痩せてヒョロヒョロしていて中性的だった僕は、制服だけでなく、当時流行っていた服もあまり似合わず、いわゆる男性的ながっちりした身体の子がうらやましかった。

女子からモテた記憶もない。小学校時代から憧れていた女の子がいたのだが、ひそかに思いを寄せているだけで告白する勇気などなかった。気づいたら、その子は僕の友だちと付き合っていた。中学生の終盤になってようやく思いが実り、その子と付き合うようになった。別々の高校に進学してからも彼女との交際は続いていたけれど、別れは突然やってきた。

「好きな人が出来たから、別れて」

なんでも、外国人の大学生と付き合っているという。

高校時代に留学を経験した彼女は、中学時代とは比較にならないほど大人びていた。だから、別れを告げられた時、引き留めても無駄なのだとはっきり悟った。離れた心をもう一度引き寄せられるだけの自信も僕にはなかった。


地元の公立中に通っていた僕だが、実は中学受験を経験して、落ちている。

中学受験は、教育熱心だった母の強い希望によるものだった。

「いい中学、いい高校に行って、いい大学を出ないと、いい会社に就職できないから」

母は常々、そう言っていた。母が最終目標とする〝いい会社〟がどんな会社を意味するのか、当時の僕には分からなかったけれど、まずは第一関門である〝いい中学〟を目指すよりほかに道はないように思えた。

志望校は筑波大附属駒場中学。そう決めたのも母だ。国立一択で、私立の併願をしなかったのは、金銭的な余裕がなかったからだろう。

〝筑駒〟が超難関校だというのは、今でこそ知っているが、当時の僕はそんなことすら知らず、言われるがままに勉強し、受験に臨んだ。そして落ちた。

中学受験の失敗は、子供の人生に大きな影響を与えるケースがあると読んだことがあるが、正直なところ、僕は落ちたからショックだとか、大きな挫折になったといった記憶はない。たぶん、僕自身が受験そのものに興味が持てず、意義を見出せなかったからなのだろう。

正直、受験勉強は全然楽しくなかった。勉強する時間があるなら、大好きな『ドリフ大爆笑』をもっと見ていたい。

与えられた環境の中で、今自分が何をクリアしなければならないのか。そればかり考えていたので、興味がなくてもとりあえず、取り組む。ある意味、真面目な子だったのだろう。母に反発して塾をサボったり、家出をしてグレたりするといった選択肢は、当時の僕には思いつかなかったのだから。

塾通いに加えて、小学校6年生の頃からは英会話の学校にも通っていた。子供の習い事として今ほど英会話スクールが一般的ではない時代だ。これに関しては、のちに海外でアートを学んだり、俳優として海外の作品に出演する際に大きく役立ったので、母の先見の明に感謝している。

日大豊山高校に進学してからは、大学受験を見据えて市ケ谷の大手予備校に通い始めた。2年生や3年生になってから通い始める生徒が多いにもかかわらず、1年生の夏期講習から通い始めたのも、「いい大学に行ってほしい」という母の強い願いによるものだ。

ただ、高校生ともなると、さすがに僕にも自我が芽生えてきた。「高学歴を身につける」という母の希望は叶えてあげたかったけれど、だからといって熱心に勉強に打ち込むほど物分かりのよい子供でもなかった。

「どうせ大学に行くなら、美術系がいい。それも一番いい大学がいい」

いつしか、そんなふうに考えるようになっていた。

絵が特別好きなわけではなかったが、周囲から褒められたり、コンテストなどで表彰されたりして、自分の絵が評価されているという自負はあった。もっといえば、他に自分がやりたいこともなかった。

その気持ちを母も感じ取っていたのだろう。

「美術専門の予備校に通ってみたら」

母の勧めで通い始めたのが、目白と池袋の間にある美術学院だった。藝大や美大を目指す学生が通う美術専門の予備校だ。

デッサン、平面構成から粘土による立体作品作りまで、様々な知識を学び、美大の入試対策なども行われる。

絵はたいして好きではないと思っていたけれど、美術学院に通い始めて、その思いは変わった。大手の受験予備校に比べ、美術学院の授業ははるかに面白く、熱中できることに気づいたのだ。

絵だけでなく、立体構成にも興味が生まれた。野菜や動物などを粘土で表現するのも楽しかったが、直方体や球体といった図形をあえてアンバランスにしてみたり、自由に表現ができるのが面白かった。

美術学院が楽しいと感じられたのは、気の合う友人がたくさんできたことも大きい。

友人の中に、益子《ましこ》焼の窯元の息子がいて、彼は東京藝大を目指すために、栃木から上京し、この学院に通っていた。

彼は東京にある親名義のマンションに住んでおり、そこは当たり前のように僕らのたまり場になった。6畳ほどのワンルームは、5~6人集まるともう、すし詰めだ。

でも、どんなに距離感が近くても全然苦にならない。美術学院の帰りには、きまってそのマンションに寄り、みんなでご飯を作って食べたり、デザイン論を語り合ったり……。アートとは何か。大学で何を専攻したいのか。自分が目指すデザインとは何か——。俳優が飲みながら演技論を語るのと同様、それぞれがアートに対する考えや思いをぶつけ合う。自分は本当は何をやりたいのか？　そんなふうに見つめ直す時間にもつながった。アルコールなんてなくても、一晩中話し続けていたってまったく飽きることはない。眠くなったら床に寝転がって雑魚寝すればいい。

夏休みには、友人の里帰りを兼ねて、みんなで益子に遊びに行ったこともある。物理的、精神的に母から少しずつ離れ、自分の世界がどんどん広がっていくのを感じていた。

この部屋には、大学に入学した後もたびたび訪れており、部屋の持ち主だった友人とは、今も連絡を取り合っている。

美術学院と仲間たちは、これまでにない楽しい時間を与えてくれた。そう感じていても、受験予備校をやめずに高校3年の途中まで通い続けていたのは、美術に興味がなくなった時や、自分の実力では美大は無理だと感じた時のための〝保険〟だったのかもしれない。

受験予備校と美術学院、二つの塾を掛け持ちしていたのだから、僕は忙しかった。

コンビニの店員や宅配便の仕分け作業といったアルバイトも始めた。重い荷物を持つので、とにかく腰が痛くなった。

バイトを始めた動機は、とにかくお金が欲しかったから。といっても、「家計を助ける」というような殊勝な考えはなかった。バイト代は服を買ったり、遊ぶために使っていた。友だちは親からお小遣いをもらっていたけれど、それを母にねだるほど、家計の状況を知らないわけでもない。

美術学院では、授業が終わった後に教室の掃除をすると、ひと月1万円ほどのバイト代が出たので、率先して掃除当番をやっていた。

高校3年の夏、受験予備校をやめ、美術学院だけに専念し始めた。美術学院の友人たちは、藝大と私立の美術大学を併願する人が多かったが、僕は藝大一本で行こうと決めていた。

「俺の人生って、一度もギャンブルをしたことがないよな」

そう感じていたからだ。映画などでは、主人公が何かを成し遂げる時、一世一代の賭けに出る。それに比べたら俺の人生はなんて〝まったいら〟なんだと感じていたのだ。

自分はこれまで何においても一番になったことがないという、コンプレックスのようなものもあったのかもしれない。日本の美術系大学で最難関とされる藝大に入れば、そのモヤモヤした思いも昇華できるのではないか。そんな思いもあった。

当時の藝大の受験は、センター試験の点数よりも実技の内容が重視されていた。そのため、高校3年の夏には勉強に見切りをつけ、美術学院で実技対策に力を入れるようになった。

僕が受験した美術学部デザイン科では、実技試験は1次試験がデッサン6時間。デッサンの課題は、人体の石膏像に塩ビ管を立てかけたものだった。塩ビ管のどこにどのように光が当たっているのかをよく観察し、その重さや、塩ビと石膏という異なる素材の質感を捉えて、表現する。

2次試験では、平面構成と立体構成が3時間ずつ。平面構成は、魚や花、コップなどをモチーフにデザインをする。立体構成は、「一つの立体の中に相対する二つのイメージを表現せよ」という内容で、僕は粘土で「硬い、柔らかい」を表現したと記憶している。風船に鋭利なものがブスッと刺さっているイメージの作品だ。

正直、試験の手ごたえはまったくなかった。だから合格発表の掲示板に受験番号を見つけた時は、嬉しさよりも驚きしかなかった。

「〝賭け〟だったのに、受かっちゃった……」

そんな気分だった。すぐに電話ボックスに駆け込み、家にかけた。

「ああ、良かった。本当に、良かったわね。おめでとう」

涙まじりの母の声が、受話器から聞こえてきた。

ニューヨーク

1995年4月。上野に満開の桜が咲き誇る中、僕は新入生として東京藝大の門をくぐった。

美術学部デザイン科の新入生は50人。藝大は、その難関さから二浪、三浪は当たり前で、同じ学科の一学年上には、現役合格者が1人もいなかったらしい。しかし、僕の同級生は50人中、現役合格者が僕を含めて4人。うち3人は女性だった。

「洋服を作りたいと思ってます」

クラスでの自己紹介の時、僕がそう言うと、どっと笑い声が漏れた。

「洋服作りたいなら、藝大じゃないよね」

たしかに。

だが、その頃の僕は、真剣に洋服作りに憧れていた。〝世界的なデザイナー・山本寛斎〟が、血のつながった兄だった――。その事実は、僕に変化をもたらしていた。

その頃多大な影響を受けたのが、92年公開の映画『ドラキュラ』だ。フランシス・フォード・コッポラ監督がメガホンをとったゴシック・ホラー。壮大なストーリーや主演のゲイリー・オールドマンの演技にも魅せられたが、なんといっても印象的だったのは、石岡瑛子さんが手掛けた衣装だった。石岡さんは、この映画でアカデミー賞の衣装デザイン賞を受賞している。ドラキュラがまとう緋色のマント、大きな襟と繊細なレースで構成された真っ白なドレス――。衣装が映画の世界観を作り上げていると感じ、その影響力の大きさを思い知った。

けれど、衣装デザインの学校に行こうとは思わなかった。藝大を受けるというギャンブルへの挑戦、そして最高峰の大学を目指すという気持ちは揺るがなかったからだ。

ところが、自己紹介で宣言したにもかかわらず、入学して早々、洋服をデザインすることへの興味は薄れてしまった。

洋服は、基本的に購入した人が勝手にコーディネートしTPOに合わせて着る。そうす

ペナルティループ
PENALTY LOOP
若葉竜也
伊勢谷友介　山下リオ　ジン・デヨン
松浦祐也　うらじぬの　澁谷麻美　川村紗也　隈川アトム
脚本・監督：荒木伸二
penalty-loop.jp
それは、何度でも復讐できるプログラム。
このループに
☑ 同意します
☐ 同意しません
⚠ 途中解約はできません。

おはようございます。6月6日、月曜日。晴れ。今日の花はアイリス。花言葉は「希望」です。

岩森淳が朝6時に目覚めると、時計からいつもの声が聞こえてくる。

岩森は身支度をして家を出て、
最愛の恋人・砂原唯を殺めた溝口登を殺害し、
疲労困憊で眠りにつく。

翌朝目覚めると周囲の様子は昨日のままで、溝口もなぜか生きている。

そしてまた今日も、岩森は復讐を繰り返していく——。

それはたぶん、史上最悪のループ。

復讐の6月6日を繰り返す主人公の岩森を演じるのは
キャラクターをリアルに存在させることができる若き名優・若葉竜也。

恋人を殺されて復讐を繰り返す中で変化していく青年の心境を、
セリフに頼らずに繊細に表現する。

岩森に復讐される溝口に扮するのは伊勢谷友介。

若葉とのケミストリーが生まれた本作は、
俳優としての新章の幕開けとなった。

さらに岩森の恋人・唯役には山下リオがミステリアスな磁場として存在感を放ち、

『ドライブ・マイ・カー』で知られるジン・デヨンがタイムループの謎を握るキーパーソンとして躍動する。

メガホンをとったのは、ディストピア・ミステリー『人数の町』が国内外で称賛を浴びた鬼才・荒木伸二。

本作でもオリジナル脚本を手がけ、仇討ちという古典的なテーマを、

「ペナルティループ」という新たなアイデアに落とし込んだ。

奇想天外なアイデアに個性派が結集し、これまでのタイムループものと
一線も二線も画す突然変異、唯一無二の異色作が誕生した。

配給：キノフィルムズ　製作：木下グループ　©2023『ペナルティループ』FILM PARTNERS
3.22 Fri ROADSHOW

れば作家の意図は霧散していく。アートとしての純粋性が失われていくと気づいて、次第に服だけではなく、デザインそのものへの興味も薄れていった。

大学の講義を通じて、デザインというものにはクライアントがいて、そのクライアントの目的に応じて自分の技術を使うものだと知ったからだ。

当時、デザイン科では、与えられたお題に対して、自分がやりたいデザインを先生や同級生の前でプレゼンして、制作し、互いに投票するという講義があった。要は、デザイナーとしてクライアントの目的を理解し、提案し、実際に制作するまでをひと通り練習するのだ。

デザインは、アートじゃない。ビジネスなんだ。そう悟るのに、時間はかからなかった。

デザインへの興味が薄れると、代わって夢中になったのが映像制作だった。アートと呼ばれるものの中で、僕自身がそれまで一番心を動かされてきたのが映画だったことが入り口になっている。

『バック・トゥ・ザ・フューチャー』や『パルプ・フィクション』『レザボア・ドッグス』……。どれも夢中になって何度も見た映画ばかりだ。

僕が感化されたように、映画なら多くの人の人生に影響を及ぼせるかもしれない。ストーリー、音楽、衣装。映画こそ、様々なものが組み合わさって無限の奥行きを持つメディアなんじゃないか。自分がやりたかったことは、これなのかもしれないと思うようになった。

まず「VX10」というソニーのデジタルビデオカメラで、作品を撮り始めた。90年代半ば、大学生の僕にとっては、かなり高価なカメラだったが、その頃付き合っていたガールフレンドが買ってくれたものだった。

「頑張って映像を続けていってね」

彼女がプレゼントしてくれたのは、僕が映像制作にかける思いを常々語っていたからなのだろう。

とはいえ、何が撮りたいのか、何を表現したいのかというテーマはまだ全然定まっていなかった。世の中に影響を及ぼしたい。漠然とそう考えているだけで、具体的にどんな影響を与えたいのかも見えないまま、カメラを回し続けていたような気がする。

映画の世界で生きていきたいという思いを明確にしたのが、大学4年生の夏に参加したニューヨーク大学への短期留学、その映像制作クラスでの日々だ。

この短期留学は、藝大の中で試験を受けて選抜された人だけが参加できる制度で、日本企業がスポンサーとしてついているため、費用はほとんどかからない。そのため倍率は高く、僕も3年生で応募した際は落ちている。

ハリウッド映画を観て映像制作を志した僕にとって、アメリカの大学で映像を学ぶことは、必然だった。叶うことならば、アメリカの大学院で映像を学んでみたい。そのためには、アメリカの大学に留学しておくことが必要だと考えたのだ。

渡米した僕を待ち受けていたのは、経験したことのない濃密な授業だった。講師陣は非常に論理的だった。その先生方は、クリエイターとしては著名ではなかったかもしれないが、どうすれば学生の理解がより深まるかを第一に考えてくれていることが折に触れて感じられ、講師のスペシャリストというのは、こういう人たちのことを言うのだと思わされた。

そんな感想は、藝大の講義では抱いたことがなかった。あくまでも当時の話だけれど、藝大の先生は、一部をのぞいて「デザイン界の第一線で活躍中」というより、第一線をすでに退いた人が多く、自分の専門分野について滔々《とうとう》と語ることはあっても、現代美術についてて学生に分かりやすいように、論理的に教えてくれる人は少なかった。だからこそ、このニューヨークの1カ月で身についた知識と経験は、かけがえのないものだったと今も思っている。

ニューヨーク大学では、40日の夏期クラスの間に、1人あたり5本のショートフィルムを撮ることが課せられた。午前中は、フィルムの扱い方や編集技術をみっちり学び、午後は実技講習だ。

実技講習では、5人1チームに分かれ、そのうち4人が撮影現場に行く。監督を務める者の指示に従って、カメラマン、照明、録音をそれぞれ担当し、現場に行かない残りの一人は自分の作品の編集に集中する。これを日々、交代で回していく。

自分の作品については、監督はもちろん、脚本から絵コンテ、キャスティングまですべて自身で手掛けるので、目の回るような忙しさだ。正直、チームメイトを手伝える余裕などない。誰しも自分の作品を撮ることに少しでも多くの時間を使いたいはず。そう思っていた。

しかしチームメイトの一人、ルーカスは違った。ルーカスは、僕より二つ下の細身で金髪のアメリカ人。ニューヨーク市内の自宅から大学に通っていて、何度か家にも遊びに行ったことがある。

ルーカスは、自分の作品を仕上げなければならないという差し迫った場面であっても、僕をはじめ、チームメイトのために積極的に撮影を手伝ってくれていた。

「自分のことより、他人を助けなさい」

そう教わっていても、実際にそれを実行できている人はどれほどいるのだろうか。頭では分かっていても、どうしても自分のことを優先してしまう。それは僕自身を含め、多くの人がそうなのではないだろうか。

少なくとも僕は、ルーカスのような人に出会ったことはなかった。だからこそ、身を粉にして人のために尽くす彼の姿を見て、素直に、心から感動した。

留学中はニューヨーク大学の学生寮に滞在していた。狭い一人部屋で、トイレとシャワーは共同だったが、それで充分だった。一日中ずっと映画制作に追われていたから、寮では寝るだけだったが、充実した日々だった。

「あなたの青春は？」

そう問われたら、僕は迷いなく、ニューヨークですごした40日間を挙げるだろう。大学4年生の夏、汗水垂して映画制作に打ち込んだあの時間が、表現者としての僕の礎を築いたからだ。

「まだ帰国したくない。アメリカの大学院に進みたい」

その思いは、結果的に叶わなかった。海外の大学院に進むとなると、金銭的な面でかなりハードルが高かった。学費はもちろんだが、実際にニューヨークで生活してみて、生活費が東京とは比べ物にならないほど高いと肌で感じたのも大きな理由といえる。

結局、大学卒業後は、藝大の大学院で美術研究科修士課程に進んだ。

母は、「いい会社への就職」を望んでいたかもしれないが、僕はサラリーマンになって働く自分をどうしてもイメージできなかった。

就職はしたくない。映画が作りたい。そのために、今必要なことは何だろう。

代官山

「あの……よかったら、雑誌に出ませんか」

接客のアルバイトをしていた代官山のカフェで、お客さんに声を掛けられたのは、大学2年生の頃。

メンズファッション誌のカメラマンだという。なんでも、「街の男の子特集」として、街で発見した男の子をフィーチャーし、写真だけでなく、経歴やインタビューも載ると聞かされた。

メディアに出ることに興味があったわけじゃない。むしろ、人前に出てチヤホヤされたりするのは、性格的に苦手なほうだった。だが、謝礼が出ると聞いて、即決した。

当時の僕は、カフェの他にも、宅配便の仕分け、コンビニ、スポーツクラブのスタッフ、美大予備校の講師など様々なアルバイトを掛け持ちしていた。藝大の学費は母が出してくれていたが、映像制作の費用を捻出するためには、ある程度自分でバイトしなければならなかったのだ。

「写真を撮られて、簡単な質問に答えるだけでお小遣いがもらえるのか。めちゃくちゃラッキーじゃん」

そのぐらいの軽い気持ちで、インタビューに応じ、カメラの前に立った。

『メンズノンノ』の編集者やカメラマン、スタイリストが連れ立って店にやってきたのは、その雑誌が発売されてから間もない頃。雑誌に載っていた僕を見て、興味を持ってくれたようだった。

「君が伊勢谷君だよね。『メンズノンノ』でモデルをやってみない？」

雑誌に出ればお金がもらえる。それをすでに経験していた僕にとっては、断る理由がない。お小遣い稼ぎのつもりで始めたモデルの仕事だったが、気がつけば『メンズノンノ』に毎号登場するようになり、表紙を飾っていた。

2〜3時間カメラの前に立つだけで、丸3日分のバイト代が入る。なんてコスパのいい仕事なんだ。当初、僕がモデル業に抱いていたのは、そのぐらいの感覚だった。

でも、次第にモデルの仕事に面白さを見出すようになった。もともと洋服は好きだったので、自分では到底手が出ないような高価な服を身に着けられるのも嬉しかったし、カメラマンをはじめ一流スタッフの仕事を間近で見ることができるのも、自分の作品作りに役立つような気がした。

有名ブランドのイベントに呼ばれたり、フィリピンやブータン、キューバ、ベトナムなどでの海外ロケに連れて行ってもらったり。プラダのモデルとして、ミラノコレクションのランウェイを歩いたこともある。モデルの仕事を始めたおかげで、僕の大学生活は格段に刺激的になった。

モデルになってからほどなくして芸能事務所に所属した。仕事はどんどん増えていく。雑誌だけでなく、広告や映画にまで仕事が広がっていった。

是枝裕和監督の映画『ワンダフルライフ』のオーディションを受けたのは、21歳の頃。是枝さんは、雑誌広告でモデルとして出演した僕が絵筆を持って立っている姿を見て、興味を持ってくれたらしい。「オーディションを受けてみませんか」と事務所宛てに連絡をくれたのだった。

『ワンダフルライフ』は、人が死んでから天国に行くまでの7日間を描いたファンタジーだ。霧の中の古い施設にたどり着いた22人の死者は、職員から「人生で一番大切な思い出を一つだけ選んでください」と告げられる。その思い出は職員らによって映画として再現され、上映される。そして、記憶が鮮明によみがえった時、死者は一番大切な思い出だけを胸に天国に旅立っていく――。

オーディションではこんな質問があった。

「あなたなら、一番大切な思い出として、何を選びますか?」

僕は即答した。「選びたくない」と。

「過去の同じ瞬間だけを生きていくことは、ものすごくつらいことですから。僕にとっては」

加えて、是枝さんを前に、こんなことまで口にしていた。

「俳優として採用しなくてもいいので、アシスタントとして使ってもらえませんか」

商業映画の制作現場を経験したこともなかったのに、今考えればあまりの怖いもの知らずに汗が吹き出てしまうが、なんとかして映画制作の現場を学びたかった僕にとって、こ

一方で、演技の経験はほぼないのに、『ワンダフルライフ』や『DISTANCE』を契機に、少しずつ映画出演へのオファーが舞い込むようになったのは大変だった。撮影までに台本のセリフを頭に叩き込んでいくのは、俳優として当たり前のこと。しかし、是枝さんの作品では台本は渡されなかったし、決められたセリフもなかった。ありのままの自分でカメラの前に立っていればよかった。

台本をもらっても何をどうすればよいか、全然分からなかったのだ。

「せっかく、現場の仕事を学ぶチャンスをもらえたのに、期待に応えられていないんじゃないか」

そう危機感を抱き、演技のワークショップに少しだけ通ったこともある。でも、僕にとってはあまり役に立たず、結局は、自分で自分のやり方を構築していくしかないのだと悟った。

当時の僕にとって、俳優の仕事はどこまでいっても「監督になるため」でしかなかった。それ以外に監督になる方法を見つけられなかった。

池袋

2003年公開の『カクト』は、僕が監督した初めての劇場公開作だ。

「カクト」とは、「覚人——目覚める人」や「覚都——覚醒する都市」をイメージして僕が考えた造語で、もともと、藝大の同級生2人とともに立ち上げたアートユニットの名前だった。〝目覚める〟〝覚醒する〟といっても、なにも世の中を一気に変えるような大きなことを意味するのではない。自分の小さな変化に気づくことができたら、それは自身の未来への大きな変化につながる。その変化が集まり、大きな力になった時、都市そして社会を変化させ、文化を創造する力になっていく。そんな思いが込められている。

当時、藝大の助教授だった日比野克彦さんに師事した僕ら「カクト」のメンバーは、グラフィックと映像を融合させ、精力的に作品作りに励んだ。２００１年には、ＮＨＫの『トップランナー』という番組でライブパフォーマンスを披露したこともある。

気の置けない友人たちとの表現活動は充実していたが、「とにかく映画監督になる」という強い思いがずっと消えなかった。だから、大学時代も自主制作の映画を何本も作っていたし、大学院を修了した後は、すぐに商業映画の制作準備に入った。監督としてやっていくには、名刺代わりになる作品が一つ、必ず必要だと思っていたからだ。

学生時代からの友人で、すでに何本も脚本の執筆を経験していた亀石太夏匡《たかまさ》とともに構想を練っていた時、願ってもない話が舞い込んだ。是枝裕和さんが西川美和さんの初監督作品『蛇イチゴ』とともに、僕の初監督作もプロデュースしてくれることになったのだ。『ワンダフルライフ』からつながった是枝さんとのご縁から、『カクト』への扉が開いた。

是枝さんの影響は、この作品のあらゆるところに反映されている。

役者さんと現場で相談してセリフもどんどん変えていったり、即興の芝居を入れてもらったり。それは、僕が『ワンダフルライフ』や『ＤＩＳＴＡＮＣＥ』で経験した手法だった。是枝さんの現場で学んだことを自分の作品にも生かしたい。その思いが強かった。

都会に生きる若者たちの葛藤を描いた『カクト』で、僕は監督と主演を務めた。

僕が演じた主人公の大学生リョウは、学内では知られた派手な男で、裏ではヤクザとつながりがあり、女の子をデートクラブに斡旋し、ドラッグの売買などにも手を染めて、お金を稼いでいる。他人も自分も信じられず、刹那的な毎日を生きるリョウのもとに、俳優の夢を諦められない幼馴染・ナオシと、恋人に裏切られたばかりの同級生・マコトが集い、狂騒の一夜が始まる——というストーリーだ。

出演者には、オーディションで募集したナオシ役の伊藤淳史君、マコト役の高野八誠君の他、寺島進さん、香川照之さん、加瀬亮さんが名を連ねた。今思えば、何の実績もない若者の作品にこんな多彩な方々が集ってくれたのも、是枝さんのおかげだろう。

資金もスタッフもすべて是枝さんが集めてくれて、僕はこれ以上ないほど理想的な形で撮影に臨めることになった。

それだけに、実際に現場に入ると、自分のふがいなさを嫌というほど痛感させられた。

「カット！」と威勢よく叫ぶはいいものの、モニター画面を見て「うーん」と、悩んでしまう。

〝正解〟は監督が決めるべきものなのに、何が正解なのか分からない。現場経験がなさすぎて、自分の判断に自信が持てなかったのだ。

「監督、ＯＫですか？」

しびれを切らした助監督がそう尋ねてきても、すぐに答えを出せない。

「ごめん、全然分かんねぇ」

たとえ分からなくても、ごまかしておいたほうがカッコはつくのだろうが、僕にはそれができない。そのせいで周囲を相当不安にさせてしまっただろう。

クランクアップを迎えたのは、池袋の細い路地。熱帯魚店の前をリョウが通りすぎるというシーンだった。

自分自身を映した映像をモニターで確認するが、自分の表情にいまいち納得がいかない。自分の演技を自分自身でジャッジするというのは、かなり不思議な感覚だ。

実は、僕は当初は出演しないつもりだった。劇場公開作の初監督なのに、出演までしたらいっぱいいっぱいになってしまうに違いないと思っていたからだ。翻意させたのは、是枝さんの言葉だった。

「主演のリョウは、脚本をどう読んでも伊勢谷君だと思う。大変だろうけど、自分で演じることで、監督と俳優、二つの目線を身に付けられるんじゃないかな」

尊敬する是枝さんがそう言うなら大丈夫かもしれない。そう勝手に思い込んで挑戦することにしたが、蓋を開けてみれば全然大丈夫ではなかった。

自分の芝居のことすら分かっていないのに、他の役者の個性を見つけて、それを作品の中に取り入れていかないといけない。結局、最終日まで僕はずっと悩みっぱなしだった。

2週間の撮影期間中、毎日、集中力を使いすぎて、頭がもうろうとしているのが自分でもよく分かった。


制作費は出していただけたものの、映画の制作中は、他の俳優の仕事は一切できない。やろうと思えばできるのかもしれないが、すべてが中途半端になる気がして、オファーは断っていた。そのため、収入は途絶えた。生命保険料が払えず、母が支払いを肩代わりしてくれていたほどだ。

日本の映画監督の平均年収は200万円程度だという話を聞いたことがある。東京で暮らすなら、生活できるかどうかギリギリのラインだ。これでは、映画産業が衰退していくのも無理はないだろう。

映画が完成した。試写を観た時、こみ上げてきたのは達成感ではなく、途方もない恥ずかしさだった。世の中には素晴らしい映画がたくさんあることを知っているだけに、自分の実力不足を突き付けられた気がした。

『カクト』は、映画祭で上映する機会も得たけれど、結果として期待していたほど観客を呼べていない。劇場公開は、２週間程度で終了してしまった。

それは、僕があまり積極的に宣伝活動に参加しなかったことも関係しているだろう。「宣伝などしなくても、観客を呼べるはず」などと、甘すぎる夢を見ていたのだ。これは、監督としてだけでなく、俳優としても自分が作品とどうかかわるべきなのかを考えさせられるきっかけになった。

映画は作って終わり、ではない。観客に見てもらって、そして感じてもらって、初めて存在価値を持つ。僕が「絶対価値がある」と信じているものであっても、広く伝わらなければ社会にインパクトを及ぼすことなどできない。

だからこそ、監督であろうが俳優であろうが、見てもらうために最大限の努力をするべき——。そう痛感したからこそ、２作目の監督作『セイジ―陸の魚―』を作った時や、その後、俳優として出演した作品でも、プロモーションの依頼はできる限り受けるようになった。

公開が終わった後、是枝さんと話した時のことを、僕は今も鮮明に覚えている。

「ごめんね、伊勢谷君」

そう謝られたのだ。

観客を呼べず、興行が赤字になってしまったことに対して、是枝さんはプロデューサーとして責任を感じていたのだろう。

だが、すべての責任は監督である僕にある。だから本当は、その場ですぐにこう返すべきだった。「それは僕の責任ですので、謝らないでください」と。

でも、言えなかった。是枝さんに「ごめんね」などと言わせてしまった自分が情けなくて、とっさのことに、適切な言葉が出なかったのだ。

「いえいえ」

そんな曖昧で失礼な返事で会話を終えてしまった。

夢にまで見た監督デビューだったが、『カクト』の公開が終わった時に残ったのは、心にぽっかりと穴が開いたような感覚だった。

僕はずっと映画監督になりたいと願っていた。でも、その目的を達成して初めて、気づいてしまった。僕が望んでいたのは映画監督になることではない。監督は単なる手段であって、目的じゃないのだ、と。

では、僕の目的は何なのだろうか。

飯舘村

映画『カクト』をともに制作した亀石太夏匡との出会いは、学生時代にさかのぼる。彼がお兄さんとともに運営していた渋谷のセレクトショップに僕が客として訪れたのがきっかけだった。

映画を作りたい。共通する目標を持っていた僕らはすぐに意気投合した。連日のように僕は店に通うようになり、映画のことを話し合い、気づけば一年のほとんどを一緒にすごしていた。

付き合いが深まるにつれ、僕らは映画の話だけでなく、社会についての自分の意見をぶつけ合うようになった。沖縄やインドでの体験も亀石と共有しているうちに、僕らは地球と人類の関係性について思いを巡らすようになった。

地球環境によって生かされているはずの人間は、いつの間にか自分が地球上の主人公であるかのように振る舞い、我が物顔で自分たちが生きるための未来の環境を壊し続けている。このままでは人類は地球に生き残ることはできないだろう。均衡が保たれていたはずの自然の環が、人間の振る舞いによって壊され、今この瞬間も、他の生物を絶滅に追いやり環境を壊し、人間は自分が生きる未来の環境を壊すガン細胞のような存在になっているからだ。自分たちの手で未来を閉ざそうとしているにもかかわらず、僕らはそれを意識することなく日々を生きている。

人類の進歩や技術を否定したいわけではない。でも、今ある自分たちの生活は、本来あるべき姿から大きく逸れてしまっているのではないか。人類がこれまで培ってきたテクノロジーを駆使しながら、地球環境のバランスをとる脳細胞として生きていく方法を模索しなければならないのだ。

そのためには、政治家や国のリーダーだけでなく、一人ひとりが無責任から脱却しなくてはならない。社会を良い方向に変化させるようなプロジェクトを考案し、実行する。それが未来への責任であり、僕が人生をかけてなすべきことなのだと確信した。

僕は映画が大好きだし、映画との出会いがあったからこそ、俳優の仕事に出会うこともできた。ただ、いうなれば映像表現は、〝虚像〟である。

いい映画を作れば、誰かの人生を変えるきっかけになるかもしれない。だが、一週間経てば、日常生活の中で思い出すことはほとんどなくなってしまうだろう。

だったら、この理念を〝実像〟として表現できないだろうか。

虚像と実像の両輪があって初めて、僕が目指すものが成立する。その思いから生まれたのがリバースプロジェクトだ。

2009年5月、僕が代表、亀石が副代表となって株式会社リバースプロジェクトを設立。僕が理念を訴え、亀石をはじめとするメンバーたちが、それを形にして世の中に発信していくというスタイルだ。

株式会社にすることは、僕の強いこだわりだった。リバースプロジェクトの商品を買ってくれる人が増えれば、より多くのプロジェクトを実行することができる。つまり、この会社の利益が上がれば上がるほど、社会も良くなっていく――。そのような循環をデザインしたかったのだ。

それに、社会とは離れた位置から活動を提唱しても、どこか別世界のことのように受け取られる恐れがある。〝実像〟としての影響力を高めるには、資本主義社会と実質的にかかわることが必須だった。資本主義社会のルールの中での活動を通じて大量生産、大量消費、大量廃棄という負の循環から脱し、地球と共生する新たなライフスタイルを提案したいと考えた。

「そんな会社が成立するわけがない」

設立当初は、何人もの人にそう揶揄された。そこまではっきり言わずとも、「どうなんだろうねぇ」と誰もが半信半疑だった。

だが、僕はその言葉を真に受けなかった。会社というのは本来、人や社会をよくするために存在しているはずだ。そのうえで、利益を出すための仕組みを考える。この理想が成立しないなら、そんな世の中のほうが危ういのではないか――。そう考えていたからだ。

会社の設立にあたり、スポンサーに多額の出資を依頼する、といったこともしなかった。もともと貧乏を経験しているせいか、借金をすることに抵抗があったし、僕らがゼロからでも始められると証明することで、「気概さえあれば誰でもできる」と世の中に示したかったということもある。

会社を運営していくうちに、一人、また一人と仲間は増えていった。その多くがものづくりにかかわってきた人間で、僕と同じように自分の本業を持ちながらも、何か社会のためにできることはないかと探し続けてきた人たちだった。

リバースプロジェクトの活動が軌道に乗り始めると、私利私欲のために何かをしたいと思うことがほとんどなくなっていた。

プライベートで食べたい、飲みたいといった生理的な欲求はあっても、仕事については自分の活動のすべてを社会に還元することこそが、伊勢谷友介という人間の志を体現する〝志事〟なのではないかと考えるようになったのだ。

活動が広がれば広がるほど、責任の重さも増す。

たとえば、俳優としてとある有名アパレルメーカーのCM出演のオファーを受けた時のこと。その企業の製品を製造する海外の下請け工場の中に、劣悪な環境下で搾取的な労働を行っているところがあると聞いていたので、オファーは断った。

わずか1日、2日の撮影で何千万単位の収入を得られるCMの仕事は、俳優としてはかなり利益率の良い仕事だと言えるだろう。ただし、僕がその企業の広告塔になったら、リバースプロジェクトの理念に共感してプロジェクトを進めてきた企業は、どう感じるだろうか。言ってることとやってることが違うじゃないか。そう失望するに違いない。

社会にメッセージを伝えるには、自分がそのメッセージを体現する人間でなければならない。僕は代表としての自分自身の責任の大きさをひしひしと感じるようになっていた。

再生可能な素材で作った制服、オーガニックコットンを使ったTシャツ、規格外野菜の有効活用から地域活性化のアイディアの提案まで、リバースプロジェクトは全国各地で多様な活動を展開した。中でも僕の心から今も離れないのが、東日本大震災で大きな被害を受けた福島県・飯舘村での活動だ。

2011年3月11日。

突き上げるような強い揺れに襲われ、僕はソファからはっと身を起こした。

倒れかかった棚を手で押さえながら、必死に身体をかばう。この日、僕は1日オフで、自宅にいた。

会社は大丈夫だろうか。リバースプロジェクトのメンバーは無事だろうか。オフィスに行こうと車を出したが、幹線道路はとんでもなく混んでいて、まったく進めない。仕方なく家に戻り、テレビをつけると、見たこともないような光景が映し出されていた。巨大な津波に飲み込まれる街、流されていく家。

急いでパソコンの前に座り、ツイッターを開く。どこもかしこも電話回線がダウンしてしまっている状態で、ツイッターはもっとも有効な連絡手段になっていた。

「気仙沼市の両親と連絡が取れません。見かけた人、教えてください」

「暖房がなく、とても寒いです。毛布をください」

ツイッター上には、被害状況、被災者の安否情報、必要な物品や、避難場所などについてのツイートがどんどん流れてくる。僕は、役立ちそうな情報をピックアップし、次々と拡散した。

翌日、福島第一原子力発電所が爆発すると、周囲には東京から逃げ出す人が出始めた。あの状況なら誰しもが不安に陥ったし、小さい子供を抱えている人ならなおさらだと思う。

でも、僕は亀石と話し合っていた。

「俺たちは、逃げずにこの状況に向き合わないといけない。人類が地球に生き残るためにどうすれば良いのかを提唱してきた俺たちが、ここから逃げ出すわけにはいかない。今こそ、リバースがやるべきことがたくさんあるはずだ」

地震発生から4日目。毎週行っていたリバースの定例会議を開いたところ、メンバー全員が一人も欠けることなく顔をそろえた。

東京にも避難勧告が出された時のために、車で一緒に脱出するための段取りは決めたが、その瞬間が来るまでは、ここに残って、今もっとも困っている人のために働こうと誓い合った。

僕は昼夜を徹してツイッターで情報を集め、拡散し続けた。

「救援物資を集めたけれど、個人では輸送手段がなく持っていけない」というツイートも数多くあった。その一つが千葉県在住の青年からのツイートだった。

「近所の小中学校を回って、使っていないストーブを40台集めました。でも輸送手段がありません。どなたかトラックを出してもらえませんか」

彼は、拡散力のありそうな様々な芸能人に協力を仰いだが、返信をしたのは僕だけだったという。何度かやりとりしているうちに、彼の誠実な人柄や、困っている人の役に立ちたいという強い思いに触れた。

なんとかして、彼の思いをつなぐことはできないだろうか。ツイッターで協力を呼びかけたところ、東村山を拠点とする運送会社とつながり、トラックを貸し出してもらえることになった。

「被災地への輸送体制が整ったため、救援物資を受け付けています」

リバースプロジェクトのホームページやツイッターで告知すると、多くの人が個人的に集めた物資を東村山まで届けに来てくれた。

そして、地震発生から5日目の夜、物資を満杯に積んだトラックが仙台に向けて出発。そのドライバーを務めたのが、きっかけを作ってくれた千葉の青年だった。被災地に届けた個人支援物資は、１００トンにものぼる。

顔も見えず、相手が誰であるかも分からないまま、物事が動いていく。ネット上の志のつながりだけで、誰かを救うことができる。そう実感し、気づけば僕はパソコンの前で泣いていていた。

ツイッター上で多くの人とやりとりを交わしたが、千葉の青年をはじめ、一部の人とは、事態が落ち着いてから対面する機会があった。

初めて顔を合わせて握手を交わした時、僕が思い出したのは、映画『ダイ・ハード』のラストシーンだった。顔も見えないまま思いを一つにして悪に立ち向かった刑事と警察官が初めて対面し、ハグをする場面だ。初対面にもかかわらず、ずっと前から知り合いだったような、心の深いところでつながっているような感覚に胸が震えた。

誰もが、「自分も何か役立つことがしたい」と願っている。でも、それを形にする手段がない。だから僕らがその思いをつなぐ〝ハブ〟になる。みんなの思いがつながり、一つの形となって結実する。それは、まさにリバースが求めていた形だった。

自衛隊の支援やＮＰＯなど様々な団体の支援物資が行き渡るようになった頃、リバースプロジェクトでは次の段階を模索するようになっていた。

支援だけに頼っていると、何らかの事情で支援が途絶えた時に、途端に生活が立ち行かなくなる。だから、〝命をつなぐ〟というフェーズから〝生活をつなぐ〟というフェーズにシフトしなければならない。生活の再建にはお金が必要だ。でも、働きたくても当時の被災地には仕事がない。仕事を生み出し、生活の基盤や住人の方々どうしのつながりを取り戻す。そこに大きな意味があると考えた。

その思いを実現するために生まれたのが、クラウドファンディングのシステム「元気玉プロジェクト」だった。

クラウドファンディングは、今でこそ当たり前になっているが、当時の日本ではあまりなじみのない手法で、資金集めのためには、企業などに頼み込んでスポンサーになってもらうのが常だった。

しかし、クラウドファンディングは、理念に共感した人々がワンコインから支援に参加することができる。一人ひとりが出すお金は少額であっても、集まれば大きな資金となって世の中にインパクトを与える。支援者にとっては、自分のお金がどのように使われて、どのような成果を生み出したのかを詳細に知ることができるというメリットもある。

日本社会は、個人が高い志を持っていても、実現しづらい構造になっている。お金はないけど、アイディアや志はある人に対して、もっとチャンスが与えられるべき——。それは、震災の発生前から常々感じていたことだった。

だからこそ、アメリカのクリエイターの間でとあるクラウドファンディングのサイトが話題になっていることを知った時、この手法は、ネット社会における新たな支援の形になっていくと確信した。

プロジェクト名にコミック『ドラゴンボール』に登場する「元気玉」を入れたのは、僕の強いこだわりによるものだ。「元気玉」は、みんなの力を集めて敵を倒す孫悟空の必殺技。一つひとつの力は小さくとも、それが集まれば大きな力になって、あらゆることを実現できる。そのイメージから、この名称をどうしても使いたかった。

「僕らの活動に、『元気玉』を使わせてもらえませんか」

『ドラゴンボール』の作者である鳥山明さんに自ら手紙を書き、『メンズノンノ』時代にお世話になった集英社の編集者を通じて鳥山さんにお願いしたところ、「いいことに使ってくれるなら」と、快く使用の許諾をいただいた。

さっそく様々なプロジェクトが発足したが、中でも2011年の最大の募集金額となったのが、「卒業式プロジェクト」だ。原発事故により、全村避難を余儀なくされた福島県飯舘村の子供たちのための卒業式だ。

飯舘村にある三つの小学校と二つの幼稚園に通っていた子供たちが、卒業式、卒園式を挙げられていない。そう知ったのは、震災発生から半年後のことだった。

「保護者や子供たちからは、卒業式、卒園式をやってほしいという要望が寄せられていて、私自身も、それがずっと気になっている。こういう状況になった以上、卒業生には一人も欠けることなく集まってもらい、住民も参加できるオープンな式典にしたい。そして、復興の担い手となる子供たちに、一生の思い出を作ってあげたい」

飯舘村の教育長・廣瀬要人さんの思いに感銘を受けた僕らは、卒業式のプログラムを考え、元気玉プロジェクトに企画をアップした。子供たちに楽しんでもらえる場にする。そして、卒業式を通していまだに復興が進んでいない飯舘村の現状を知ってもらう。その二つのテーマを設定し、企画をプロデュースした。

最終的に、272人から目標総額の232万円を上回る262万円を集めることができた。自分たちも力になりたい。飯舘村の子供たちのために、役に立ちたい。そう感じてくれた人がこれほどいることが心強かった。

卒業式は12月25日のクリスマスに実現した。飯舘村は、まだ全面的に避難指示が解除されておらず、村に入ることができない状態だったため、会場になったのは、隣町の川俣町の公民館だった。

第一部では、卒業証書、卒園証書の授与式を行い、第二部では様々な催し物を盛り込んだイベントをサプライズで開催する。僕らが担当したのは、この第二部のイベントだ。

朝から続々と会場に集まり、再会を喜び、思わず抱き合う先生と子供たち。ハグという、普段なら日本人があまりやらない愛情表現がごく自然にあちこちで交わされている。それは、互いを隔てていた時間がいかに過酷なものだったのか、そしてどれほどこの日を待ちわびていたのかを物語っているようだった。

『雪に願うこと』でご一緒させていただいた佐藤浩市さんをはじめ、津川雅彦さん、浅野忠信さん、吉高由里子さんなど交流があった方々にお願いして集めたビデオメッセージを流す。テリー伊藤さんには、映画の宣伝のために情報番組に出演した際、トイレでばったり出くわして、そこで直接お願いしてメッセージをいただいた。


式典が始まり、卒業証書、卒園証書の授与式が行われる。満面に笑顔を浮かべて証書を受け取る子、涙ぐみながら受け取る子――。

「一度は諦めかけていた卒業・卒園式ができると聞いた時は本当に嬉しくて、今日の日を心待ちにしていました。今日、やっと卒業できた気がします。いつか飯舘村に帰りたいです」

卒業生の代表が読み上げる答辞を、僕はステージの裏でかみしめるように聞いていた。最後に、みんなで飯舘村の村歌を歌い上げて式典は終了――と誰もが思ったその時、トナカイの着ぐるみに身を包んだ僕は舞台袖から飛び出した。

「これから皆さんのために、サプライズコンサートを開きます！　岡本真夜さん、お願いします！」

僕がそう宣言すると、会場が一気にざわついた。ステージの幕が上がり、後ろから、バンドメンバーとして岡本さんが登場した。

「ええっ！　ウソでしょ⁉」

興奮の渦の中、ステージの中央に岡本さんが進み出る。歌ってくださったのは、もちろん代表曲の『TOMORROW』だ。

つらいことがあってもくじけずにいれば、明日は必ずやってくる。強いメッセージが込められたこの歌は、苦しい状況にある飯舘村の人々に希望をくれるに違いないと思っていた。

岡本さんは毎年12月25日に、ご自身のクリスマスライブを開催していたのだが、この年はなんとライブをキャンセルして飯舘村の卒業式に参加してくれたのだ。

歌を聴きながら、大喜びで手拍子を送る子供たち、そっと涙を拭う保護者の方々。まさに会場が一つになった瞬間だった。

「クリスマスだし、何かプレゼントを渡したいね」

僕らは話し合って、リバースプロジェクトでの取引があった企業や団体の方々に依頼し、ケーキやミニトートバッグなどを用意していた。多くの人の思いがこもったクリスマスプレゼント。それを最後に岡本さんや僕らリバースのメンバーが、参加者一人ひとりに配った。

子供たちにとっては、僕らが何者であるか知らない子のほうが多かったと思う。でも、そんなことはどうだっていい。頬を紅潮させながらプレゼントを受け取り、友だちどうし再会を誓い合う姿を見て、俳優や映画監督の仕事では感じたことのない種類の充足感が湧き上がってくるのを感じた。

「皆さん、本当に卒業おめでとう！　大きくなったら、また会いましょう」

最後にそう呼びかけたのは、本当にまた会える日が来ることを願っていたからだ。

その日が訪れたのは、２０１９年の1月13日。あの時、卒業式に参加した子たちは成人を迎えた。今度は、リバースプロジェクトがその成人式をプロデュースしたのだ。

この時はすでに避難指示が解除されており、故郷で再会を果たすことができた。

「飯舘村に戻って成人式をやれるのが、本当に嬉しいです」

「みんながバラバラになっていて、会う機会がなかったので、大人になって再会できるのを楽しみにしていました」

笑顔を浮かべながら会場に入ってきたのは、振り袖やスーツに身を包んだ42人の新成人たち。

大人の第一歩を踏み出したということで、僕らは「大人ならではの遊びを」と考え、クラブイベントのような雰囲気のパーティーを演出。世界を舞台に活躍されているDJの方も駆けつけてくださった。

また、この時も、岡本さんが来てくれて、『TOMORROW』を披露。8年前と同じ岡本さんの美しく力強い歌声が会場に響く。ただ、歌声に聴き入る新成人の横顔は、卒業式の日からは想像できないほどたくましく、頼もしくなっていた。

「震災の経験を強さに変えて羽ばたいてほしい」

「自分がつらい時、自分以外の人を幸せにすると、その人が助かった瞬間に自分がもっと助かると思うから」

僕は、挨拶でそう述べたのだが、式典の合間に彼らと話していると、彼らにとっては僕に言われるまでもなく当たり前のことだったのだと気づかされた。

「社会の中で自分が役立てることは何か、いつも考えています」

「今は東京にいるけれど、将来は福島に戻ってきて地元のために働くつもりで、そのための勉強を大学でやっているところなんです」

他者に尽くすことによって自分が生きる意味を見出す。彼らが輝く瞳で近況を教えてくれるたびに、このような若い人たちがいることを、とても頼もしく感じた。

僕は、震災が起きた直後だけでなく、定期的に東北の各地を訪れ、自分が何をできるのかを考え続けてきた。特に、これからの社会を支える子供たちに対しては、一人の大人として伝えておきたいことがあり、折に触れて対話の機会をいただいている。

福島のある中学校でのこと。原発事故の影響で閉校になり、別の地域で学ばざるを得なくなった子供たちにこんな話をした。

「今、君たちがつらい状況に置かれているのは、僕ら大人のせいだ。原発がないと成り立たない社会を容認してしまった僕らのせいなんだ。だから僕は謝りたい。本当に、ごめんなさい」

子供たちは、「なんでこの人、謝っているんだろう」とぽかんとした顔をしていたが、今は理解できなくとも、この言葉の意味を分かってくれる日が、いつか必ず来てくれるはず。そう信じていた。

たとえ、その日が来なかったとしても、社会を良い方向に導けなかった大人の一人として、その責任を痛感するべきだと僕は感じていた。

だからこそ、この発言が報じられた時のＳＮＳの反応には、心底がっかりさせられた。

「お前がやったんじゃないのに、なんで謝ってるんだよ」

「こんな国にしたのはあなたではなく、政治家。なんか勘違いしてない？」

そんな書き込みが相次いだからだ。

たしかに、こんな状況を招いてしまったのは政治家の責任であることは否めない。だが、その政治家を選んできたのは誰だ？　民主主義国家であることを忘れて、一人ひとりが社会に対する責任を感じていないからこそ、こんな事態が起きてしまったんじゃないのか？

子供の頃、僕は「宇宙刑事ギャバン」のような正義のヒーローになりたかった。だが、多くの子供がそうであるように、成長するにつれて現実に気づく。自分は飛べないし、手からビームも出せないし、鋼鉄をぶち抜くようなパンチもできないのだ、と。

しかし、こうも思う。ヒーローがやっていることは人助けだ。困っている人や社会の課題のために、力になれることを考え、実行していく。それは、ある意味ヒーローの働きと同じなのだ。

僕はヒーローになりたくてリバースプロジェクトを始めたわけではないけれど、この社会をよくするために自分の力を最大限使っているという実感は、いつしか僕が生きる上での根幹になっていた。

ヨークシャー

どこまでも続く赤土の道。

道のわきに見えるのは、古い石の塀、青々と茂る草原、羊の群れ。

ドラマ『白洲次郎』で訪れたイギリス・ヨークシャー地方は、のどかな田園風景が広がり、心が洗われるような場所だった。

2009年、NHKで放送された『白洲次郎』は、僕が初めて出演したテレビドラマだ。

それまでもテレビドラマへのオファーはあったのだが、すべて断っていた。

最大の理由は、視聴率のことを考えて脚本を作るというテレビドラマにありがちな手法を好きになれなかったから。表現したいものよりも、視聴率を優先する。その姿勢に対してモチベーションを保てる自信がなかったのだ。

さらに、テレビドラマ——特に連ドラは拘束時間が長い。3カ月クールの連ドラで主役、準主役ともなれば、朝から晩までの撮影が3カ月以上にわたって続く。僕は一つの役に没頭したいタイプなので、その間、他の仕事をするのは難しい。

また、忙しくなりすぎると、映画を観たり読書をしたりといったインプットの時間が取れなくなる。撮影後、家に帰ってただ寝るだけの生活。そんなライフスタイルが続くと、俳優として枯渇していってしまうのではないかという不安もあった。

だから、『白洲次郎』の時も、最初は出演を断っていた。

気が変わったのは、NHKのディレクター・大友啓史さんのこのドラマにかける思いを知ったからだ。

大友さんは、僕の事務所に何度も来てくれて、熱心に話をしてくれた。ドキュメンタリー番組を制作するかのように、かなり密に取材を重ね、ご自身で脚本も手掛けられたこと。何も考えずに「イエス」を簡単に言う人が多い時代だからこそ、「ノー」と言い続け、物事の本質を見極めようとした白洲次郎という男の生きざまを描きたいということ——。

大友さんは当時テレビのディレクターだったが、ＮＨＫという巨大組織の中にあっても自分の美意識を貫いていた。僕がそう強く感じた理由の一つとして、大友さんが従来の常識を覆す新たな試みに挑んでいたことが挙げられる。

たとえば撮影手法。当時の日本映画の撮り方は主に、一台のカメラで同じシーンを別の角度から何度も撮るという手法だった。それだと役者の負担は大きくなるし、何度も同じシーンを演じることによって、どうしても芝居が機械的になりがちだ。

その点、複数のカメラを一斉に回せば、様々なアングルから映した映像を集めることができる。同じ芝居でも、正面から捉えた時と横から捉えた時では、印象がまったく異なってくる。それを組み合わせることでシーンの厚みが増し、作品を観る側も飽きない上、役者の負担も減る。

いつか、監督としてマルチカメラで撮影をしてみたい。それは、以前から僕自身も感じていたことだった。だから、「『白洲次郎』では、マルチカメラに挑戦したい」と大友さんに聞いた時、一気に心が動いた。

白洲次郎という人物への興味もあった。

その何年か前に、尊敬する知り合いの実業家が「白洲次郎のようになりたい」と言っていたので、どんな人物なのか知りたくて、調べたことがあった。

世の情勢を読み解き、その中で自分が何をなすべきかを考え、行動に移してきた次郎。それができたのは、「こうありたい」という信念――彼の表現でいえば「プリンシプル」をしっかりと自分の中に持っていたからこそだろう。

彼は留学先のイギリスから帰国後、吉田茂の知遇を得て、近衛文麿のブレーンとして働き、戦後は終戦連絡中央事務局の参与としてGHQと交渉を重ねていく。その過程では、非常に困難な局面がいくつもあった。

白洲次郎は決して、連戦連勝の男ではない。ある意味、負け続けの人生だったと僕は思う。たとえば憲法制定においては、最前線でGHQとの折衝にあたったが、結果的にGHQが作った憲法を受け入れざるを得なかった。

ただ、そういった困難な局面にあっても、迎合せず、腐らずにいられたのは、彼の中に確固たるプリンシプルがあったからだろう。

人生には様々な局面が訪れるが、プリンシプルをしっかりと持っていれば、周囲から何を言われようと自分の道をまっとうすることができる――。次郎の生き方は、そう教えてくれているように思えた。

「次郎の子孫の方が『伊勢谷さんなら、ぜひ』と言ってくださっている」

そう大友さんから聞かされたのも、出演を決めた理由の一つだった。なんでも、次郎は身長が高くスラっとした体格だったそうで、それが僕のイメージと重なるとのことだった。

歴史上の人物を演じるのは、やはりある種のプレッシャーがある。世間が抱いているその人物のイメージのようなものを体現したいと感じる一方で、監督が表現したいテーマを体現する人物でもなければならない。

だから、歴史上の人物を演じる場合は、その人がなぜ注目されていたのかをまず考える。本や資料などを読んで必要な要素をピックアップし、逆に不要だと感じるものは削っていく。それを監督が表現したいと願う世界観の中に落とし込んでいく……というアプローチが必要になる。

架空の人物を演じる時にはないハードルがある。僕の場合は、越えるべきそのハードルがあることは、演じる上で良いモチベーションになっていた。

『白洲次郎』の撮影は、トータルで4～5カ月にも及んだ。

特に印象的だったのが、イギリスでのロケだ。ドラマは、イギリス留学中だった若き日の次郎が愛車のベントレーを駆るシーンで始まる。この場面を撮影したのは、イングランド北部のヨークシャー地方。未舗装のでこぼこ道をガタガタ揺れながら、猛スピードでベントレーを走らせていく。

出演シーンをモニターで確認することの重要性を知ったのも、大友さんと仕事をするようになってからだ。

それまでは、「役者にはモニターを見せない」という主義の監督の現場も経験していたので、見ないのが当たり前なのかと思っていた。しかし、モニターで自分の演技を見れば、良い部分、悪い部分を自分自身で認識することができる。特に、マルチカメラの撮影では、どのカメラがどのアングルから自分をどのように映しているのかを明確にイメージしておくことが重要になる。

大友さんも役者がモニターを見ることを歓迎してくれた。

テストの際、カットがかかったらすぐにモニターの前に行く。そして自分がどこからどのように撮られているのかを確認する。それは、当時はあまり一般的ではなかったので、技術スタッフの中には戸惑った人もいたようだ。

「もう一回見せてください」

などとお願いすると、「役者が見るの？」といった反応をされることもあった。だが、こういう時、僕はあえて空気を読まない。俳優として絶対に必要なことだし、次郎のプリンシプルを画面を通じて伝えるためにも欠かせないこと。だからこそ、「空気が読めないヤツ」と思われたとしても、こんなところでひるんでいるわけにはいかなかった。

ドラマに出演するようになってからも、僕自身は変わらなかったけれど、世間が僕を見る目は、明らかに変わった。自意識過剰な表現をすれば〝有名人〟の仲間入りを果たした感じがしたのだ。

やはりテレビの影響力は絶大だった。観る人数が、映画とはケタが違う。

一歩外に出れば、買い物をしていても、食事をしていても、ただ歩いているだけでも誰かに見られているような気がする。実際、目が合って向こうがバツの悪そうな顔になったり、遠まきに携帯でこっそり写真を撮られたりすることもあったし、「見られているんじゃないか」と常に意識する自分自身にも気持ち悪さを感じるようになった。

もともと僕は、「有名人になりたい」とも「アイドル的な存在になりたい」とも思ったことはない。だからタレント向きのタイプではないのだと思う。ただ、映画監督になりたい、映画の現場を学びたいという一心で、気づけば俳優として活動する時間が長くなっていた。テレビに出るようになっても、自分はアイドルではなく表現者だという思いは変わらなかったけれど、世間はそうは受け取らない。

有名になるって、けっこうしんどい。それが本音だった。

だが、ある時気づいた。〝見られるプレッシャー〟を逆手に取ればいいんじゃないか、と。リバースプロジェクトの活動を広げていくには、より多くの人に知ってもらうことが必要だが、宣伝にかけるお金などない。ならば自分が広告塔になればいい。せっかく顔と名前が世間に知られるようになったのだから、それをうまく結び付けない手はないだろう。

そう感じてからは、ドラマの仕事も積極的に引き受けるようになった。俳優という仕事も、目指す社会に近づくための手段の一つになったのだ。

２０１５年放送の大河ドラマ『花燃ゆ』で演じた吉田松陰も、白洲次郎同様に、以前から惹かれていた人物だった。いつか演じてみたいと思っていたので、二つ返事で引き受けた。

２０１０年の『龍馬伝』で演じた高杉晋作も、日本のために命をかけて戦った人物だが、松陰は実際に戦闘の場に参加していない。その企てはすべて未遂に終わっている。そして、松陰が処刑されたことを機に、彼の志を継ぐ若者たちが立ち上がり、自分たちの命をかけて未来を築く。

松陰は並外れた行動力を持つと同時に、言葉を大切にした人でもあると僕は感じている。彼は、後世の人間にも響く数々の言葉を残した。己の哲学を、言葉を通して教える人であり、だからこそ、ドラマでもセリフの量は人一倍多かった。

僕が一番心を打たれたのは、「諸君、狂いたまえ」という言葉だ。

社会を変えようとする人は、既存の価値観から抜け出して、命すら投げ出せるような人間でなければならない。松陰は、そう言いたかったのではないか。

また、「知行合一」も、僕が惹かれた言葉の一つだ。知って行動しないのは、知らないのと同じこと。行動を伴ってこそ、知識が意味をなす。直面する問題に対して議論し、実行する。それは、僕自身がリバースプロジェクトにおいても大切にしていたこととまさに同じだったからだ。

クランクアップ後、世田谷にある松陰神社に行き、この地に眠る松陰に報告した。

「松陰先生の生涯を、無事に演じ終えました」

そして、松陰と自分自身に誓った。

「先生がそうであったように、僕もこれからの人生、自分の志を貫き、知行合一を体現していきます」と――。

日光

ポツンと建つ古びたレストハウス。眼下を流れる鬼怒川。対岸に連なるのは、新緑に萌える山々。その風景に不自然に浮かび上がる無機質なダム。

２０１２年公開の映画『セイジ－陸の魚－』は、辻内智貴さんのベストセラー小説『セイジ』を原作としている。

適当に就職を決めた主人公の〈僕〉は、学生最後となる夏休みに自転車で旅に出て、山の中のさびれたドライブイン「ＨＯＵＳＥ４７５」にたどり着く。そこで、浮世離れした雰囲気を持つ雇われ店長のセイジや、様々な事情を抱えた常連客たちに出会う。

セイジは人間中心の社会や、人の身勝手によって壊される自然の痛みを敏感に感じ取る人物。社会に染まることを拒み、ひっそりと暮らしている。

人間社会に辟易し、どこか諦めに似たような気持ちを抱えながらも、時折、ふっと人間らしい感情を見せるセイジ。〈僕〉は、ドライブインに住み込んで働くうちに、セイジの言葉に影響を受け、自分のこれからの人生について、そして生きる意味について考えを巡らせていく――。


原作との出会いは、公開の8年前にさかのぼる。

「この小説で映画を撮ってみないか」

知り合いのプロデューサーに持ち掛けられた時、すぐには首を縦に振れなかった。

原作は中編小説なので、2時間の映画にするには様々な要素を足していく必要があるし、ドライブインの中のシーンがほとんどで、閉塞した空間で撮り続けることになる。

これを撮るとなったら大変だ。それが、最初の印象だった。

躊躇する僕の背中を押してくれたのは、亀石だった。

「ここには、お前が生涯かけて追求するテーマが詰まっていると思う。絶対にこの作品を

キューバ

ブータン

手放しちゃダメだ」

当時は、亀石とともにリバースプロジェクトの設立を構想していた時期だった。言われてみると、人が生きる上での普遍的なテーマが、この小説にはあるように感じられた。

物語の中で、セイジは、ある事件によって心を閉ざしてしまった少女・りつ子を救うため、自らを犠牲にすることを選ぶ。そして、20年後に大人になったりつ子と〈僕〉がドライブインで再会する場面で、映画は終わる。

セイジが自らを犠牲にしてまで救いたいと願ったりつ子の人生が、その後どのように変化したのか。僕は、この場面に希望を託したかった。

今生きている人が未来のために行動することで、次世代の誰かを救うことになる。ラストシーンは、リバースプロジェクトが目指すものを表現しているような気がしてならなかった。

セイジの役は、最初から西島秀俊さんしか考えられなかった。セイジのつかみどころのない雰囲気を出すためには、作り込んだ演技ではなく、ただそこにいるだけでセイジの過去を表現してくれる人が必要だったからだ。どこかミステリアスな雰囲気を持つ西島さんは、まさに理想的だった。

〈僕〉を演じた森山未來君は、実際の役と同じく、東京からロケ地まで自転車でやってきた。途中で野宿をしながら150㎞の道のりを一人、ひたすらペダルを漕いできたのだという。

「道中で事故にでも遭ったら大変だから」

制作部の中にはそう止めた人もいたが、彼の決意は揺るがなかった。

劇中での〈僕〉は、周囲から「旅人」と評されるシーンがあるのだが、クランクインの時、彼はすでに「旅人」として、そこに存在していた。

西島さん、森山君をはじめ、新井浩文さん、津川雅彦さん、滝藤賢一さん。素晴らしい俳優陣がそろった。だから、僕が現場で「こうしてほしい」と指示することは、ほとんどなかった。

もともと僕には、「役作りはこうでなければならない」という固定観念のようなものがない。一昔前までは、監督が現場で役者をいびり倒して、内面から噴き出てくるものを待つ……といった手法があったそうだが、僕はそれだけは絶対しないと決めていた。俳優の立

ブータン

ブータン

場からすると、そんな方法でいいものなど出て来るわけがないからだ。窮地に追い込まれて発狂する……といったシーンを撮るなら話は別だが、そうではないのに俳優を追い詰めることは逆効果だと思う。

教育と同じで、「こうするべき」を押し付けると、その人が持つ個性が消えてしまう。経験のある俳優なら、その人なりの一番いい状態を作ってきてくれるはずなので、それに任せる。その中で、役者それぞれの脚本への理解や哲学、生き方といったものが滲み出てくるのではないかと僕は思う。

ロケハンでこだわったのは、ダムが近くにある場所。人間がもとある自然の形を変えたことの象徴ともいえるダムと、山のコントラストを映し出し、その中に、セイジを存在させたい。そんな意図があったからだ。

北関東から東北の各地を、理想の景色を求めてひたすら車を走らせた。1日1000キロ以上走った。日光の山中で古びたレストハウスを見つけた時、その中にセイジが佇んでいる様子が、僕にははっきりと見えた気がした。

とにかく雨の多い現場だった。クランクインの日からどしゃ降りで、雨の中を、森山君がずぶ濡れになりながら自転車で疾走するシーンを撮影した。濡れた路面から立ち上る、じっとりと湿った空気。雨が上がれば、木々の間から差し込む光に照らされて、草木に残った雫が宝石のように輝く。僕らの力が及ばないところで、映画の世界観にまた一つ、彩りが増していく。自然の持つ力に、素直に畏怖の念を抱かずにはいられなかった。

撮影は順調に進んだ映画だったが、すべてがそうだったわけではない。『カクト』で経験していたから、映画作りが大変なことは分かっているつもりだったが、脚本が完成するまでは苦しかった。設定、テーマの解釈、それをどう表現するか。亀石と話し合い、何度も何度も脚本を書き直した。書いた原稿は20稿を超える。

加えて、当時はテレビドラマの映画化が流行っていたこともあり、その状況下でこのような毛色の作品を作ることの困難もあった。

「こういう映画は、観客を呼べないと思うよ」

はっきりそう言われたこともある。

川俣町

かといって、時代が変わるのを待つわけにもいかない。契約上、映画化できる時間は限られていたからだ。本当に、この作品を世に送り出せるのだろうか。そう自問したことも一度や二度ではなかった。

脚本を書き始めて1年ほど経った頃だったろうか。ふと、こんな言葉が頭をよぎった。

「挫折禁止」

くじけそうでも、本当に本当に本当にもうダメだというところに追い詰められるまでは、諦めずにやり続ける。自分が信じることを諦めない。

『セイジ』を撮り終わった後も、「挫折禁止」は、僕の座右の銘になった。

東京地方裁判所

「被告人を懲役1年に処す。ただし、本日より刑の執行を3年猶予する」

裁判官が読み上げる判決を、僕は身じろぎもせず、ただ、じっと聞いていた。

2020年12月22日、東京地方裁判所で判決を言い渡された。

判決には驚きも衝撃もなかった。過去の判例に従えば妥当だ。自分がこれまでやってきた社会貢献活動は、まったく認められていないのだと分かった。

12月2日の初公判。一般的に、同様の罪状の公判は30分程度で終了するそうだが、僕の場合は1時間半もかかった。それは、これまで僕が取り組んできた社会貢献活動について、弁護士がかなり時間をかけて述べてくれたからだ。

2021年

《参拝，2022》Photo by Taichi Saito

ただ、結果として、それはムダだった。

「多量の大麻を所持し、使用歴も考慮すると大麻とのかかわりは深い」

これが、僕の量刑が判断された理由だった。


最初は好奇心からだったのかもしれない。だが、大麻を吸った時、これまでに感じたことのないような深いリラックス感を覚えた。

海外の撮影現場でハードなシーンを前にして固まっていると、

「これでリラックスしたら？」

と外国人の俳優に大麻を手渡されたこともある。

気づけば、日本でも吸うようになっていた。仕事から帰ってきた後、大麻を吸うと、撮影現場での緊張感が一気にほぐれた。

プレッシャーがかかるシーンが続くと、緊張状態のままベッドに入るせいか、熟睡できない。明日、納得できるパフォーマンスができなかったら……。そんな不安もあったと思う。

法に反していることは分かっていたので、コロナ禍の前には大麻から離れていた時期もあった。しかし、コロナ禍で撮影が休止になり、一人で自宅にこもる時間が長くなり、再び手を出してしまった。

もちろん、これは言い訳にもならない。

逮捕によって、僕はすべてを失った。仕事、財産、友人、そして生き甲斐——。

撮影中だった映画は撮り直しになるため、巨額の賠償金を支払う必要がある。他にも、進行中だった社会貢献のプロジェクトでは、相手先の企業に与えた損害を補填しなければならない。

賠償金の支払いのため、僕は生命保険を解約し、個人事務所の会社を清算した。住む場所と車だけはなんとか残すことができたが、財産の大半と収入がなくなった。

公判で裁判官はこう言っていた。

「大麻との関係をしっかり断ち切り、また活躍してほしいと願っています」

そんな言葉にも僕はこう思ってしまう。仕事も会社も財産も社会的な信頼もすべて失った僕が、どうやってまた〝活躍〟すればいいというのだろう。

僕は罪人としての過去を背負いながら生きることになる。それが僕が受けた本当の意味での〝罰〟なのだ。

逮捕されたことによって、多くの人に迷惑をかけてしまった。

直接損害を被った人だけでなく、これまでリバースプロジェクトの活動で訪れてきた地域の人々などは、報道を知って伊勢谷友介という人間に失望したに違いない。僕に期待を寄せ、力を貸してくれた方々の信頼を裏切ってしまったという事実は、取り返しがつかない。

留置所を出てからは、時の経過とともに、この事件が社会でどう受け止められているのかを実感し、そのたびに絶望的な気持ちに襲われた。

一番堪えたのは、個人事務所でもあった会社の代表を任せていたスタッフから、こんな言葉を聞いた時だった。

「僕らは反社会的勢力になってしまったから」

反社会的勢力。その言葉の響きは、僕にとってこれ以上なく重かった。

この会社では、僕をはじめとする所属俳優のプロデュースだけでなく、大企業の制服作りを請け負ったり、リバースプロジェクトで手掛けている物品の生産など企業相手の仕事も多く手掛けていた。取引先の企業は、当然ながらエンドユーザーである消費者の目線を意識する。「大麻は悪」とされている社会において、悪いことをする人間が広告塔になっている企業とは取引ができないのは当然だ。

〝反社会的勢力〟から脱却するためには、会社を閉鎖し、別会社に事業を譲渡しなければならない。つまり、僕の存在を抹消する必要がある。

それを知った時、僕は社会における自分の存在意義を見出せなくなった。


来る日も来る日も自宅に一人でこもっていた。

何もやることがない日々。リビングのソファでまどろみ、気づけば夜が明けていた。

ああ、俺、まだ生きてるのか――。目覚めるたびに、この身体が生きながらえていることに、ひどく落胆する自分がいた。

このまま死んだように生きていて、いったい何の意味があるのか。

自分がこの世に存在している理由を探してみても、どこにも見つけられない。

死にたい。そう考えたことがないといえば、嘘になる。

ただ、「死のう」とも思えなかった。

自分の存在意義は見つけられないけれど、こんな自分でも、もしかしたら、まだ成せる何かがあるかもしれない。わずかでもいいから、そう信じたかったからなのかもしれない。

逮捕後、僕の周りからは潮が引くように多くの人が離れていった。自分が犯した罪を思えば、当然のことだろう。

一方で、支えになる言葉をくれた人もたくさんいる。その一人が、吉永小百合さんだった。「なんとかこういうことを乗り越えて、また撮影の現場に戻って来てほしい」

映画『いのちの停車場』の制作会見で、吉永さんがそうおっしゃったと知ったのは、保釈後のことだ。制作会見は僕の拘留中に行われていたのだが、留置所にいた僕は、それを知ることができなかった。

この映画で僕が演じたのは、四肢麻痺をわずらったＩＴ企業経営者。吉永さん扮する在宅医に、「最先端の医療で自分をよみがえらせてほしい」と頼む。

僕はずっと車椅子に座っている役なので、操作のぎこちなさがスクリーンを通して伝わると、映画の持つメッセージも半減してしまうような気がしていた。だからこそ、撮影中は、車椅子を自分の身体になじませるため、早めに現場に入り、実際に乗って動かしたり、麻痺の症状によるゆっくりした動作を何度も確認した。

吉永さんとの共演シーンは数えるほどだったし、僕自身の役作りに必死だったこともあり、お話をする時間はあまりなかったが、吉永さんの優しい眼差しは、はっきりと覚えている。

吉永さんは制作会見で、こうもおっしゃっていたのだという。

「撮影3日目だったんですが、私は伊勢谷さんとお互いに、思いやいろんなものをぶつけて、たぶんいいシーンが撮れたと思っているものですから。今回のことを報道で知って残念な思いでいます」

僕はこの作品で集中して演技をまっとうできたと感じていたが、それと同じように吉永さんも感じてくださっていたことを知り、胸が熱くなった。

そして、こんな想像をしてしまった。だからこそ、吉永さんは「戻って来てほしい」とおっしゃったのではないか、と――。勝手で都合のよい想像にすぎないことは分かっている。でも、吉永さんのこの言葉が絶望の中にいた僕にとって、一筋の光になった。

一方で、その吉永さんに「残念な思い」をさせてしまったのも、また事実だ。

吉永さんの言葉によって、僕は自分が犯した罪に向き合わなければならないとあらためて感じた。

保釈後は、逮捕によってご迷惑をかけてしまった方を訪問し、誠心誠意、頭を下げる日々が続いた。

『いのちの停車場』を制作・配給した東映にも、足を運んだ。僕の出演シーンをカットせずに上映することになったとはいえ、事件によって大混乱をもたらしてしまった。

東映の関係各部署を回り、岡田裕介会長にも対面してお詫びをした。

「本当に、多大なご迷惑をおかけしてしまい、申し訳ありません」

頭を垂れる僕に、岡田さんは、優しい声で言った。

「これで映画が話題になって、みんなが観てくれればいいんだよ」

耳を疑った。

「本当に、困ったことになったよ」

「なんてことをしてくれたんだ」

そう言われて当然の状況だ。

もちろん、岡田さんは犯罪を肯定しているわけではないだろう。事件によって映画が話題になるのも、本来ならば不本意のはず。だから、この言葉が本心であるはずがない。

それなのに、こんなに優しい言葉をかけてくださったのは、僕がうなだれていたからなのだろうか。

自分が岡田さんの立場だったら、相手に同じことを言えるだろうか。岡田さんの心の寛大さ、人間としての器の大きさをあらためて感じると同時に、こんなに温かい人に迷惑をかけてしまったことに胸が苦しくなった。

驚いたのは、それだけではない。

「この後、飯食べにいくぞ」

岡田さんは、そう誘ってくださったのだ。

謝罪をし、気持ちばかりのお詫びの品を渡し、それで終わるのが常だと思っていたので、この誘いには心底驚いた。

岡田さんがそうおっしゃるのだったら。そんなふうに、僕に対する周囲の人たちの目線が少しずつ変わっていくのも感じた。岡田さんは、そこまで計算されていたのかどうかは分からない。でも、岡田さんの言葉が、吉永さんの言葉同様に僕を救ってくれたのは確かだ。


その年の11月、岡田さんの訃報を聞いた時は、ショックという言葉では言い表せないほどの衝撃を受けた。

報道によれば、急性大動脈解離で急逝されたのだという。まだ71歳。これから成し遂げたいことも、きっとあっただろう。

本当に、この世からいなくなってしまわれたのだろうか。あんなに元気だったのに——。

穏やかに笑う岡田さんの顔が瞼に浮かび、信じられない気持ちだった。

２０２１年の３月、お別れの会が催され、生前親交があった多くの俳優の方々が参列したそうだが、僕はそこに行くのを許される立場ではなかった。

高知

30代に入った頃、僕は父の足跡をたどる旅に出た。

「昨日、あなたのお父さんが夢に出てきたの」

きっかけは、当時付き合っていたガールフレンドのこんな言葉だった。

なんでも、僕の父親と思われる男が、夢枕に立ったのだという。僕ですらよく知らない父が、なぜ彼女の夢に出てきたのだろうか。

「本当に俺の父親？」

訝しがる僕に、彼女は夢で見た男の特徴を話し始めた。それは、僕が知る父と怖いぐらい似ていた。

僕の中の父親像は、母から聞いた話からできていた。

精神的に不安定で、怒ると罵声を浴びせたり、暴力をふるったりする。幼い子供を持つ親としての責任もあるのに、仕事もろくに続かず、人間的に尊敬に値しない男。

それが、僕が母から聞かされてきた父だった。

しかし、大人になるにしたがって、本当にそうだったのかという疑問が芽生え始めた。

それには、〝一方的な目線〟というものへの違和感が関係している。

メディアの報道もそうだけれど、画一的な見方で真実を知ることはできないし、たった一人の証言だけで、物事の白黒を決められるものではない。もう一方にはまったく別の言い分もあるだろう。父のことも多面的に捉えなければ、真実にはたどり着けないのではないか。そんな気がしてきたのだ。

父との結婚、そして離婚によって母が苦労したことは間違いない。

ただ、「愛していた男に裏切られた」という苦しさが、母の記憶をよりつらいものにしているのではないか。本当は、父にも魅力的な部分はあったはずなのに、つらい記憶が楽しい思い出に蓋をしてしまっているんじゃないか。そんな気もしていた。

父の真の姿を知ることで、自分のアイデンティティを確かめたい気持ちもあった。ろくでもない人間の血を継いでいる。そうかもしれないが、本当にそうなのだろうか。もし、同じような不安にとらわれている友人がいたら、僕は間違いなくこう言うだろう。「親がどんな人間であるかによって、子供の価値が変わるわけじゃない。君は、君だ」

頭ではそう分かっていても、自分のこととなると話は別だ。

父にも魅力的な部分があった。そう知ることで、血を受け継いだ自分の存在も意味のあるものだと思いたかったのかもしれない。

一方で、本当の父を知るのが怖くて仕方ない自分もいたし、今さら、父の真の姿を知ったところで……と、諦めにも似た気持ちもあった。知りたい、でも知るのが怖い。ガールフレンドから「お父さんが夢に出てきた」と聞いて、今しかないと思った。この時ばかりは、見えない何かに背中を押されている気がしてならなかった。

こうして向かったのは、父の生まれ故郷である高知県。母や僕は、父方の親族とはまったく連絡を取っていなかったが、寛斎さん兄弟が長年つながりを持っていたので、仲介をお願いしたのだ。

ガールフレンドも一緒に来てくれた。僕と父の関係、そして父に対する僕の複雑な感情を理解してくれている人に同行してもらえるのは、心強かった。

父は、祖父と2人目の妻との間に生まれた子供だ。1人目の妻の子供で父の腹違いのお姉さん――つまり、僕にとって伯母にあたる方がご存命だと聞き、入居している施設にうかがった。

「伯母さん」と馴れ馴れしく呼ぶにはあまりにも疎遠だったその女性は、おそらく当時、80代半ばだったと思う。車椅子に乗っていたけれど、矍鑠《かくしゃく》としていて、昔の記憶もこちらが驚くほどしっかりとしていた。

「僕は、父の悪い面しか聞いていないんです。父の良い部分って、何かありますか？」

そう尋ねた僕に、伯母は即答した。

「悪いことしかないわよ」

あまりにもあっけない返答だった。

「そうねぇ。困った人だったけれど、こんな優しい一面もあったのよ」

「まあ、家庭には向いていない人だったかもしれないけど、職業人としては立派だったのよ」

どこかでそんな答えを期待していた自分を、心の中で小さく笑った。

伯母から聞く父は、母が言っている話とまったく同じ。数々の父の思い出話を聞きながら、「父は、誰から見てもどうしようもない人間だった」という事実だけがしっかりと上書きされていった。

高知に行って、父の生い立ちを知ることができたのは、僕にとっては大きな収穫だった。祖父は実業家で、数々の特許を取得し、それで財を成したらしい。その事業の手伝いをしていたのか、祖母も忙しく、父は乳母に育てられたのだという。

昭和初期の資産家の家で、乳母は祖父母に雇われていたわけで、とにかく祖父母の気に障らないようにと気を遣っていたことは想像に難くない。幼い父が悪さをしても注意せず、「坊ちゃん、坊ちゃん」と、わがままもすべて受け入れていたようだ。

思いやり、信頼し合う大切さ、人の輪の中で生きていく喜び。どれもふつうならば、成長の過程で自然と学んでいくことだが、父にはそれを知る機会が少なかったのだろう。

何よりも、親から本来受けられたであろう愛情に触れられないまま育ったことは、父の人格形成に大きな影響を与えたのではないか。

祖父は何度か結婚した上に、妾との間にも子供がいたそうで、父はその子をひどくいじめていたらしい。当時の本妻と妾の立場の違いを考えれば、父のいじめすら「まあ仕方ないこと」と容認されていたのかもしれない。

時代、社会、親、家庭環境。父という人間ができあがった背景には、そのすべてが色濃く反映されていたのだと、どこか腑に落ちたような気もした。そして、葬儀の際に寛斎さんが言っていた「父はかわいそうな人だった」という言葉の意味が、ようやく理解できた。

父が成人した頃、祖父の事業は立ち行かなくなったようだ。それが原因かどうか分からないが、父は上京し、テーラーになったという。

伯母の話の中で一つ、とても印象的なものがあった。

「そういえば、あの子は手先が器用なところがあってね」

きっと、テーラーになったのも、細かい作業が得意だったからだろう。僕自身も、子供の頃から折り紙や工作などが得意だった。それは、もしかしたら父から受け継いだ能力だったのかもしれない。

この旅で、初めて父の墓参りをした。父は母と離婚した後、何度か再婚していたのかもしれないが、最後は独身だったらしい。そのため、父の遺骨は実家の墓におさめられた。ガールフレンドの助言に従って用意してきた供え物を置く。

家族なのに他人。他人なのに気になる。気になるのに、気にしたくない。これまで抱いていた父へのねじれた思いが、少しずつ変わっていくのを墓前に手を合わせながら感じていた。

父の歴史を知ったことで、僕はようやく吹っ切れた。今までとらわれていたことが、どうでも良いことのように思え、ずっともやもやしていた父への思いが、霧が晴れたように消えていった。

たしかに父は、誰から見てもどうしようもない人間だったのだろう。そして、僕はその父の遺伝子を継いでいる。しかし、父と僕は別の人間であり、父がどんな人であろうが関係ない。自分を形作っていたのは、紛れもなく後天的なもの――母からの愛情や、友人、仕事でお世話になった人とのかかわりから生まれたものだと確信できた。

そして、こうも感じた。これから自分が何を構築していくかによって、伊勢谷友介という人間が形作られていくのだ、と――。

箱根

なぜうちのお母さんは、よその家のお母さんより、ずいぶん年をとっているのだろう。

それは、僕が子供の頃からずっと抱いていた疑問だった。

僕は母が40歳をすぎてから生まれた子供だった。今でこそ、40代での出産は珍しくなくなっているが、当時、そういうケースはあまり多くなかったと思う。

学校の参観日、教室にずらりと並んだ保護者の中で、僕の母はひときわ年を取って見えた。母なりに小ぎれいにはしていたが、それでも20代、30代のお母さんたちの隣に並ぶと、年齢の差は歴然としていた。

「みんなのお母さんは若々しいのに、どうしてうちのお母さんは違うの？　もっと若いお母さんが良かったな」

小学生くらいの頃は何度か、そんな言葉を母にぶつけたこともある。母は困ったように、力なく笑っているだけだった。

なぜ、遅い出産だったのか。どのような経緯で母は父と結婚したのか。それを僕はずっと聞けずにいた。興味がなかったわけではないが、分別がつく年頃になってからは、それを根掘り葉掘り聞くのは、母に対して申し訳ないような気がしていた。

長年の疑問が解けたのは大学時代、母と二人で旅行に行った時のことだった。

モデルを始めたばかりの頃で、初めてのギャラが入った時に、箱根に連れて行こうと思い立ったのだ。箱根は、子供時代に僕ら一家と、祖父母、母の妹らと一緒によく旅行に行っていた。泊まるのは、毎回決まってプリンスホテルだった。

当時、母はすでに還暦をすぎていた。元気で動き回れるうちに、何か親孝行らしいことをしておきたいという気持ちもあった。

「久々に箱根に行かない？　いつも行ってたプリンスホテル。モデルの給料入ったから、俺が出すから」

そう誘うと、母は予想以上に喜んでくれた。自分のことだけを考えて生きていると思っていた息子が、そんな提案をしてくれるなんて、思ってもみなかったのだろう。

レンタカーのハンドルを僕が握り、母を助手席に乗せて箱根に向かう道中、なぜか母はふと思い立ったように、ぽつぽつと昔話を口にした。

若い頃、将来を誓い合った男性がいたこと。でも、25歳の時に、その人と死に別れてしまったこと。彼への思いを忘れられず、長いこと独身を貫いてきたこと。そして、縁あって父に出会い、40代になる手前で結婚し、僕が生まれたこと——。

僕は、母の人生にそのような過去があったなんて、想像したことすらなかった。子供の頃、「若いお母さんが良かった」と口にしてしまった記憶が蘇って、恥ずかしくなった。

気づけば、母は涙声になっていた。一緒に人生を歩もうと約束した男性との死別は、失恋とはまったく異なる痛みがあったに違いない。その人への思いを忘れられずに、父と出会うまでの日々をどんな気持ちで生きてきたのだろう。そして、「若いお母さんが良かった」という僕の言葉を、母はどんな思いで聞いていたのだろう。まるで棘が刺さったかのように胸がズキズキと痛んだ。

ふいに車窓の景色が滲み、あわてて車を停め、涙を拭った。その様子を見た母も、ハンカチでずっと目元を押さえていた。

何かうまい言葉をさらりと口にできるほど素直ではなかった。けれど、僕の後悔は母には充分伝わっているような気がした。


母を喜ばせたくて企画した旅行だったけれど、実際には、満足に親孝行ができたとは言えなかった。旅行中、当時のガールフレンドから電話が来て、売り言葉に買い言葉で、次第に口論に発展してしまい……。

「今、ケンカしてる場合じゃないから」

そう自制できるほど、大人じゃなかったのだろう。

僕の電話を聞いていないようなふりをしながら、所在なさそうにホテルの部屋の隅で窓の外を眺める母の背中の小ささを覚えている。

「私は、あなたたちのために生きてるから」

母は口癖のように、いつもそう言っていた。母の生き甲斐は僕と妹の成長だけだったのだろう。

母は自分の稼いだお金を、僕と妹の教育に惜しみなく注いだ。

「学歴は高いほうがいい。二人とも、大学に行ってほしい」

自分が苦労しているからか、子供には学歴をつけさせたいと願ったのだろうか。

父からの養育費などまったくもらえなかったのだろう。そんな中で、僕と妹を養い、大学にまで行かせてくれた裏には、相当な苦労があったに違いない。

母が昼夜を徹し、身を粉にして働いたのは、一家を養うためだけでなく、僕らにできるだけの教育を施すためでもあったのだ。

だから、母にはどんなに感謝しても足りないくらい感謝しているし、母が僕らを心から大切に思ってくれているのも感じていた。

ただ、母が僕らのことを思えば思うほど、僕は苦しくなることがあった。

僕や妹のためだけに生きなくていい。自分の人生を生きてほしい。僕はいつもそう願っていた。僕らの生活が母の人生を犠牲にした上に成り立っているのだとしたら、子供としてこれほどつらいことはなかった。

母にも恋人ができたらいいのに。再婚してくれたら、どんなにいいだろう。パートナーがいれば、生活も少し楽になるかもしれないし、何よりも喜びや悲しみを分かち合えて信頼できる人がそばにいてくれれば、母の人生はもっと彩りのあるものになるんじゃないか。

そう考えていた時期もある。

「再婚しないの？」とストレートに聞いたこともあった。

「そんな、今さら」

母はそう苦笑いするだけで、「したい」とも「したくない」とも言わなかった。もう俺たちだって子供じゃない。俺らに気兼ねする必要ないんだよ。でも、冷静に考えれば、酷な言葉だったかもしれない。

出会いの場に出掛けるとなれば、それなりのおしゃれも必要だ。少なからずお金がかかる。そもそも恋愛に費やす時間すらもったいなかったのかもしれない。

第一、母にはそんなことを考える余裕すらなかったと思う。当時は、朝早く起きて、高校生だった妹の弁当を作り、9時には出勤。学校の事務員やスポーツクラブの掃除など複数の仕事を掛け持ちしていて、二つ目のパートを終えて帰宅するのは、日付が変わる頃だった。還暦をすぎた身体に、この激務は相当堪えたのだろう。休日は、魂が抜けたかのようにぼーっとすごしていた。

専門的な技術や資格がなかった母が一人で生活を支えるには、とにかく1時間でも多く働いて時給を稼ぐしかない。それが日本社会の現実だと今ならば分かる。しかし、まだ社会に出たことのなかった僕は、その現実を知るには幼すぎた。

母からは絵が得意なことを受け継いだと思っているが、その他は似ている部分はまるでない。というより、母と僕の考え方や価値観は対照的だ。

母は、「世間からどう思われるか」を、ものすごく気にしながら生きていた。経済的な事情もあり、子供を育てるために自分の人生をよりよくすることを諦めているようなところがあった。

僕は、困難な状況があった時、それを切り拓くことにエネルギーを使いたい。そのために、どうすればいいのかを論理立てて考える。

しかし、母は真逆で、「変革」ではなく「忍耐」にエネルギーを注ぎ続けてきた。我慢を美徳とするようなところは、母の生きた時代のせいもあるかもしれないが、そうは思っても、母の価値観は僕にはどうしても受け入れ難かった。

僕が24歳で一人暮らしを始めてからは、特に用がなければ連絡することも少なくなったが、母は、僕の監督作や出演作は欠かさず観てくれていた。映画なら劇場に招待することもあったが、ドラマなどは僕が知らせなくても、自らチェックしていてくれたようだった。僕が監督として映画を制作中、収入が滞り、生命保険料が払えなくなった時、母がこっそりポケットマネーから支払ってくれていたこともあった。「お金が足りない」などと母に相談したことは一度もなかったが、この頃、母には僕の会社の経理を任せていたので、懐具合が厳しいことに気づいていたのだろう。僕に気を遣わせないようにと考えたのか、母は保険料を支払ったことを僕に言わなかった。それに気づいたのは、数年後、税理士さんとやりとりしていた時のことだ。

母と最後に暮らした家は、僕が高校生の時に引っ越した古いマンション。母と叔母が共同で購入した部屋で、ここに母、叔母、祖父母、妹、僕の6人で暮らしていた。祖父母を看取った場所でもある。

その後、叔母は結婚して家を出たため、母は叔母の持ち分を買い取り、マンションは単独名義になった。そして、僕が家を出て、妹が独立して、母一人がそこに残った。

80代になった母は今、認知症の初期症状があり、施設に入居している。

「あのマンションはもう誰も住んでいないのだから、売ったら?」

何度かそう提案したが、母は頑なに手放そうとしない。

まだ見ぬ場所へ

2021年10月、公式ファンクラブを開設した。ここでは、自宅の様子や僕が作った作品、趣味のスノーボードやサーフィンを楽しむ様子など、僕の日常の動画を公開している。ファンクラブ名は「Sauce of Happiness」。直訳すると、「幸福のソース」。ここでは、僕がデザインを手掛けたグッズの販売も行っている。たとえばピアスやペンダントといったアクセサリーやTシャツ。きっかけは、以前つけていて気に入っていたピアスをなくしてしまったので、それに代わるものが欲しいと考えたことだった。いわば僕の〝趣味〟から始まったわけだが、ファンクラブやインスタグラムで公開して販売してみたところ、予想を超える反響があった。

僕は、日本の社会の中で自分が多数派ではないことをずっと前から感じていたが、僕が好きだというものを好きだと感じる人、つまり同じ趣味嗜好の人がこんなにもいるのだということに驚かされた。

正直なところ、これらのグッズ販売を続けていったところで、生活できるレベルの利益が得られるわけではない。でも、こうやって誰かから求められるものを自分も生み出すことができる。わずかばかりではあっても、社会に必要とされている。

人間は、その事実を支えにして生きていくものなのかもしれない。

事件後、公の場に初めて出たのは、2022年、宮城県・石巻市で開催された「リボーン・アート・フェスティバル」だ。「参拝、2022」と題したその作品は、浜辺の洞窟を利用したインスタレーション。「神はあなた自身であり、自分自身がどう生き、どう行動するかによって未来が決まる」という思いを込めた作品だった。

同年には、愛媛大学の講師を経験する機会にも恵まれた。リバースプロジェクトで愛媛の地域創成の活動を行っていた時のつながりで、「伊勢谷さんの考え方を若い世代に伝えてほしい」という依頼を受けたのだ。担当したのは「デザイン思考」の講義だが、「デザイン」といっても、デザインそのものを教えるのではなく、思考の方法論だ。

大人は「夢を持ちなさい」とよく言う。しかし、たとえば歌手になるという夢を持っていても、それが叶わず、歌手とは別の人生を歩む人のほうが圧倒的に多いはずだ。その時に「夢破れて、仕方なく別の道を選んだ」という思考に陥りがちだ。

だから、「夢を持て」ではなく、「自分の命をどう使うかを意識しながら生きよう」と教えたほうが、壁にぶつかった時に次の展開を見出していけるのではないかと僕は思う。つまり、「人生をデザインする」というわけだ。そうすれば自分で探して追求して行動し、未来によい影響を及ぼす人たちが増えていくだろう。

わが身を振り返ってみると、僕が社会に及ぼせる影響は、逮捕される前より格段に減っている。

「未来の社会のため、人類のため」と信じて行動してきた人生だったが、それは事件によって大きく変わってしまった。社会のために「志事（志のある仕事）」を成し遂げたいと思っても、今の僕にはそのフィールドが与えられていない。

事件後、日本を出て他の国で暮らしてみたいと願ったこともある。でも、執行猶予が明けるまでは、それもできない。

だから今ここに生きている僕は、自分が思い描いていた生き方をしているとは言い難いし、この生き方に納得しているわけではない。だが、アクセサリーなりアートなり講義なり、そういったものを通して僕を求めてくれる人がいるならば、それに精いっぱい応えることが僕の社会に対する〝価値〟になっていくのだと思う。


留置所にいる間、竹内結子さん、芦名星さんが亡くなったことを担当さんから聞かされた。

「どうして、いったいなぜ……」

三浦春馬さんが亡くなられた時もそうだったが、頭の中には、その言葉しか浮かばなかった。

竹内さんとは映画『クローズド・ノート』などで共演経験がある。プライベートでの交流があったわけではないが、世間から見れば満ち足りて見える人がどうして……という思いを拭えなかった。

日本の自殺率は、先進七カ国で一番高い。加えて、コロナ禍により、若年世代や女性の自殺者がますます増えているという。その背景には、「生きていても意味がない」「明日に希望などない」と感じさせてしまう社会の存在があるのではないだろうか。

「自殺する人は、弱い人」

そんなことを言う人がいる。しかし、僕はそうは思わない。

「強い人、弱い人」というように、あちら側とこちら側、二分にして考えることなどできないはずだ。なぜならどんなに強い人でも、人生に躓いたり、立ち直れないぐらいの衝撃を味わったりすることがあるのだから。

僕自身も、死を考えた時期があった。だからこそ、知っている。〝あちら側〟と〝こちら側〟の境界線は、怖いぐらい薄いのだと。

生きていていいんだ。今はつらくても、この先幸せなことがきっとある。誰もがそう思えるような社会を目指さなければならないと強く思う。

一方で、今の僕には、そのために自分ができることがあるのかすら分からないのも、また現実なのだ。

今の僕が世の中に提供できるものは、デザインの技術と、これまで俳優をやってきた経験だ。

「俳優として復帰するのを楽しみにしています」

「またテレビに出てください」

インスタグラムに寄せられる皆さんからのコメントも、とても励みになっている。

ただ、俳優としてテレビに出ることは、当面難しいと思う。映画や舞台など、クローズドな空間でお金を払って観るものと違い、テレビはスイッチを入れれば誰もが見られるものだからだ。

また、俳優は、自分が望むだけでは成立しない仕事だ。声を掛けてもらえない限り出番はない。だから、俳優として復帰できるかどうかは、僕自身の意志だけでは決められない。

ただ……。もしも許されるのであれば、俳優として再びカメラの前に立ちたい。伊勢谷友介という俳優を必要としてくれる人がいるのであれば、その期待に応えたい。

もしそのチャンスがいただけるのであれば、僕は全力で与えられた仕事をまっとうしたいと思っている。


映画『セイジ』の制作時に思いついた「挫折禁止」という言葉は、いつしか僕の座右の銘になっていた。

「挫折禁止」が持つのは、目の前の困難にめげずに乗り越えるという意味だけではない。命の尊さ、今ここに生きているという奇跡を感じ、自分の命を諦めない。生きることにくじけないという意味でもある。

だから今こそ「挫折禁止」を自分自身に課して生きていく。それが僕にとっての贖罪《しょくざい》であり、明日を切り拓く何かにつながると信じている。

伊勢谷友介（いせや・ゆうすけ）
一九七六年生まれ。俳優、アーティスト。

自《じ》刻像《こくぞう》
二〇二四年一月三〇日　第一刷発行
著　者　伊《い》勢《せ》谷《や》友介《ゆうすけ》
発行者　大松芳男
発行所　株式会社　文藝春秋
〒一〇二―八〇〇八
東京都千代田区紀尾井町三―二三
☎〇三―三二六五―一二一一（大代表）
印刷所　図書印刷
製本所　加藤製本
組　版　明昌堂

　ISBN978-4-16-391800-6